古田隆紀著

ＡＢＣのコア

東京 森山書店 発行

序　文

　ABC（活動基準原価計算）は，過去20年間原価計算や管理会計の研究分野における最大なトピックスとなって今日に至っている。ABCは，原価計算の在り方を見直し，管理会計の有用性の復活に対する切り札として登場した。とともに，教育や研究に目をむけるなら，ABCは，大学や専門学校における原価計算や管理会計の講義での主要なテーマの定番となって定着してきている。また，ABCの基礎力は，日商簿記検定や公認会計士試験受験のための学習にとっていまや欠かせないものとなってきている。

　本書は，以下の5章からなる。第1章は，ABCの背景と基礎について議論する。クーパーとキャプランによって開発されたABCが，アポーションメントによる間接費の2段階配賦の思考と，ABCがこのうちの第2段階でコスト・ドライバーを利用するアプローチであることを明らかにする。第2章は，ABCの活動の階層モデルと資源消費モデルとしてのABC理論の応用を強調するもとで，ABCの意思決定に対する有用性について検討する。第3章は，活動管理の点からABCを利用するABMについて議論する。ABMが，ABCモデルのプロセスの視点に立脚すること，つづいてこれまでのABC理論に活動分析，コスト・ドライバー分析および業績尺度の3つの分析技法を注意喚起情報とするABC理論が加わることを理解する。そして，これにもとづく原価低減の行動アプローチを通してABMの構図を図示する。最後に，ABMの構図をふまえて，ABMの実施モデルを検討する。第4章は，ABCを予算編成ないし予算管理に利用するABBの全体像を理解し，ABBを作成していくための手順について検討をおこなう。一方，予算編成から予算管理に焦点をおく弾力性予算のABCアプローチについて補足する。補章に，ブリムソンとアントスによるABBモデルの例示を収録する。最終章第5章は，2000年に入ってキャプランとアンダーソンによって提唱されたTDABCを取り扱う。伝統的

なABCが構築された方法（やり方）に問題のルーツをみいだし，これらの問題点を解決するTDABCを要約する。つづいて，TDABCが（伝統的なABCに）いかなる革新をもたらすものであるかを分析することにする。補章は，キャプランとアンダーソンによってとりあげられるTDABCによるABBモデルの事例研究を収録している。

以上のような本書の構成についてみるとき，ABCを一体どのようにとらえるのか，という質問に答えなければならない。これに対して，本書では，ABC全体を，ABC, ABMおよびABBを含むABCと，これから進化したものとしてTDABCを捉えて分けて考えるものである。また，ABCとTDABCのアプローチのどちらを選択するかという質問にも答えなければならないであろう。これに対しては，活動の量的な規模（サイズ）や生産的に消費される実際的キャパシティを明らかにする技術的特性を変数とするコンティンジェンシー理論の応用が効果的となると考える。

このように，本書は，ABCの原点とその展開に特化した，その意味において専門書といえるかもしれない。その一方で，各章ごとに問題を設定，巻末に解答を提供して，ABCの理解力のチェックと基礎力の養成に役立つよう配慮している。

本書の校正の段階では，中央大学商学部　菅本栄造教授より貴重かつ有益なコメントをいただくことができた。深く感謝の意を表したい。むろん本書における思わぬ間違いや誤謬のすべては筆者に責任があることは言うまでもない。

最後に，筆者の勤務する大阪学院大学では，白井善康総長をはじめとする関係各位，また学部の先生方に常日頃よりご支援を賜っている。この場を借りて感謝の意を述べさせていただきたい。出版事情の困難な折から，本書の上梓にさいして多大の配慮をたまわった森山書店ならびに編集を担当された土屋貞敏氏に心よりお礼を申しあげる。

　　　2014年10月

古田 隆紀

目　　次

第1章　ABCの背景と基礎 …………………………… 1
1　製造間接費の配賦の問題 …………………………… 1
2　間接費配賦の基本的思考 …………………………… 4
3　伝統的な製造間接費配賦とABC …………………… 7
　(1)　伝統的な製造間接費配賦 …………………………… 7
　(2)　Ａ　Ｂ　Ｃ …………………………………………… 11
4　2つの仮定とコスト・ドライバー …………………… 14
　(1)　2　つ　の　仮　定 ……………………………………… 14
　　①　同　質　性（14）
　　②　比　例　性（14）
　(2)　コスト・ドライバー ………………………………… 19
　　①　取引ドライバー（20）
　　②　時間ドライバー（20）
　　③　強度ドライバー（21）
　(3)　その他の間接費配賦法 ……………………………… 21

第2章　ABCと意思決定 ……………………………… 27
1　ABCの活動の階層モデル …………………………… 28
　(1)　活　動　の　階　層 ……………………………………… 28
　(2)　製品原価の報告と思考の変化 ……………………… 31
　(3)　ABC階層モデルと行動 …………………………… 35
2　資源消費モデルとしてのABC理論 ………………… 37
　(1)　理　　　　念 …………………………………………… 38

(2)　供給される資源のタイプ ……………………………………… 39
　(3)　未使用資源の連結環 …………………………………………… 41
3　ABCにもとづく業務的意思決定 ……………………………………… 43
　(1)　部品の自製か購入かの決定 …………………………………… 43
　(2)　製品ラインの存続か廃止の決定 ……………………………… 49
　　①　未使用キャパシティの利用　(52)
　　②　不採算ラインを廃止する可能性　(53)

第3章　Ａ　Ｂ　Ｍ ……………………………………………………… 61

1　CAM-Iクロスとプロセス視点 ……………………………………… 62
2　ABMの目的観とその分析技法 ……………………………………… 65
　(1)　活　動　分　析 ………………………………………………… 66
　(2)　コスト・ドライバー分析 ……………………………………… 67
　(3)　業　績　尺　度 ………………………………………………… 67
3　原価低減の行動アプローチとABMの構図 ………………………… 69
4　ABMの実施モデル …………………………………………………… 73
　(1)　プロセスの識別 ………………………………………………… 73
　(2)　活　動　の　抽　出 …………………………………………… 74
　(3)　活　動　分　析 ………………………………………………… 74
　(4)　活動原価の測定 ………………………………………………… 75
　(5)　付加価値構造の検討 …………………………………………… 78
　(6)　コスト・ドライバー分析 ……………………………………… 78
　(7)　改善の方向性の決定 …………………………………………… 79
　(8)　プロセス改善の実行 …………………………………………… 80
　(9)　改善効果の測定 ………………………………………………… 80
5　ABMの障害と活動基準責任会計 …………………………………… 82

(1)　ABM の障害 ……………………………………………………… 82
　　　　① 技術上の障害 (83)
　　　　② 行動上の障害 (85)
　　　　③ 構造上の障害 (86)
　　(2)　活動基準責任会計 …………………………………………………… 88

第4章　ＡＢＢ ……………………………………………………………… 97
1　ABB の利点 ……………………………………………………………… 98
2　ABC と ABB の比較 …………………………………………………… 102
3　ABB の基本モデルと手順 …………………………………………… 105
　　(1)　各製品の予測される需要の見積もり―手順1 ……………… 106
　　(2)　活動のアウトプット量の計算―手順2 ……………………… 106
　　(3)　必要とされる資源の量の決定―手順3 ……………………… 106
　　(4)　実際に供給される資源コストへの変換―手順4 …………… 109
4　ABB の手順の例示 ……………………………………………………… 110
　　(1)　予算期間の活動の定義 ………………………………………… 110
　　(2)　予算期間の活動負荷量の計算 ………………………………… 110
　　(3)　資源の必要量の決定 …………………………………………… 111
　　(4)　実際に供給される資源コストの決定 ………………………… 114
5　弾力性予算の活動基準アプローチ …………………………………… 116

補章1　プリムソンとアントスによる ABB モデル …… 125
1　各製品の予測される需要の決定 ……………………………………… 125
2　活動のアウトプット量の計算 ………………………………………… 125
3　資源の必要量の決定 …………………………………………………… 127

4　実際に供給される資源コストに変換 ……………………………… 133

第5章　TDABC …………………………………………………………… 139
　　1　ABCの問題点 ………………………………………………………… 140
　　2　TDABCの要約 ……………………………………………………… 148
　　　(1)　キャパシティの時間単位当たりコストの見積もり ……………… 148
　　　(2)　活動の単位時間の見積もり ………………………………………… 149
　　　(3)　コストドライバー・レートの導出 ………………………………… 150
　　3　TDABCのツール …………………………………………………… 156
　　　(1)　事業の複雑性をとらえる時間等式 ………………………………… 156
　　　(2)　モデルの更新 ………………………………………………………… 159
　　4　TDABCの革新性 …………………………………………………… 161

補章2　キャプランとアンダーソンのTDABCによるABBモデル …………………………………… 171
　　1　時間主導型ABCモデルの構築 …………………………………… 174
　　2　製品原価と収益性の算出 …………………………………………… 176
　　3　プロセス改善，価格設定，製品や顧客の組み合せに関する経営管理上の決定 ………………………………………… 178
　　4　次期のプロセス能力および生産・販売量と組み合せの予測 ……………………………………………………… 178
　　5　販売・生産予測を満たす資源キャパシティの次期の需要の算出 ………………………………………………… 179
　　6　将来期間において期待される資源キャパシティを供給するための支出の承認 ……………………………………… 181

解　　答 (187)
参 考 文 献 (206)
索　　引 (210)

第1章

ABC の背景と基礎

　ABC（活動基準原価計算，Activity-Based Costing，以下 ABC と略称する）は，1980年代の後半ハーバード大学のキャプラン（R. S. Kaplan）とクーパー（R. Cooper）によって，製造間接費の配賦に焦点をあてることで正確な製品原価の計算を目的に開発された。1990年代に急速に米国で普及をみたものである。このように，ABC は，伝統的原価計算システムの製造間接費の配賦に疑義を提示するものとして登場したものといえよう。

　以下，本章では，製造間接費の配賦の問題を議論の切り口に，ABC 登場の背景を探ることから出発し，間接費配賦の基本的思考について検討する。ついで，伝統的な製造間接費の配賦の手続きからクーパーやキャプランによって提唱される ABC の計算原理までを理解することにする。そして，ここから，アポーションメントによる間接費の2段階配賦の思考とこのうちの第2段階でコスト・ドライバーを利用するアプローチが導かれることを明らかにする。最後に，そのための具体的な2つの仮定とコスト・ドライバーについて説明を試みるものである。

1　製造間接費の配賦の問題

　伝統的原価計算システムでは，最終的に製品に対して製造間接費を配賦する段階で，生産量と相関（比例）する関係にある操業度関連の配賦基準が用いられてきた。したがって，操業度関連の配賦基準を用いることは，より多くの直接作業時間や機械運転時間などを要した（消費した）製品ほどより多くの製造間接費を割り当てられることになる。ただし，ここでは，種類の異なる複数の

製品が単一の工場内での生産ラインで製造されていることが前提となる。

さて，半世紀前，直接労務費が製品原価の大きな割合を占めていた。製造間接費の占める割合は少なかった。このような時代，操業度関連の配賦基準を用いることに問題はあまりなく，むしろ合理的とされてきた。しかし，やがて顧客ニーズに対応して種類も量も多様の，しかも製品のライフサイクルの短い製品が生産される時代が到来してきた。多品種変量生産とよばれるものである。くわえて，米国における先端製造技術（advanced manufacturing technology, AMT）の開発とその発展という製造環境を切り離しては考えられない。図1・1はその先端製造技術の移動経路を表したものであるが，IA（island of automation）やCIM（computer-integrated manufacturing）を中心とする自動化や統合化の急速な進歩はとりわけ拍車をかけるものであった。なお，IA（自動化の島）は，わが国でのFMS（flexible manufacturing system）に相当するものである。また，図中のBC（basic controls）は，経済的発注量モデルといった基礎的なコントロール技法をさす。ちなみに，わが国では，生産現場での柔軟性を確保するためのJITやセル生産の開発が大きな成果をあげてきたところである。

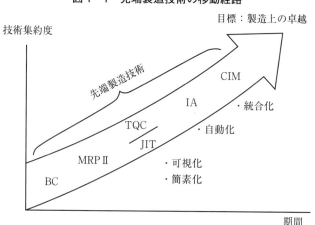

図1・1 先端製造技術の移動経路

McNair *et al.*, 1989, p. 27

ともあれ、これと共に、直接労務費の製品原価に占める割合は、著しく低くなった。対照的に、図1・2の原価構成パターンの変化に示されるように設計や生産準備のためのエンジニアリング費用や量産段階での生産（製造）効率を支援するテクノロジー費用が急増したのである。そして、これら（の多く）が製造間接費を構成するのである。こうして、多品種変量生産や生産自動化（統合化）は、製品原価に占める製造間接費の割合を著しく増大させることとなったのである。

図1・2　原価構成パターンの変化

製品原価

```
           その他
           エンジニアリング費用
           テクノロジー費用
  在庫費用
  直接材料費
  直接労務費

  BC   MRPⅡ  TQC/   IA    CIM
              JIT
```

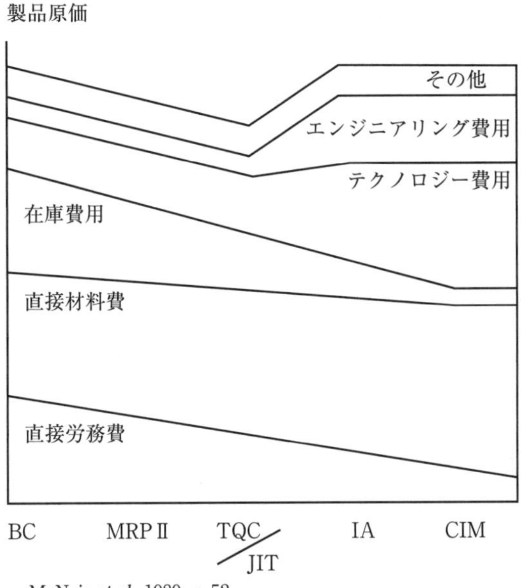

McNair *et al.*, 1989, p. 52

このような環境下で、ほかならぬ製造間接費は、製品の生産量よりもむしろ生産される製品の部品の種類（点数）や作業の内容に大きく依存するのである。多様性ないし複雑性のコストとよばれるものがこれである。すなわち、こうした多様性ないし複雑性のコストが製造間接費の実質的内容をなし、急増するのであって、これにつれて、操業度関連の配賦基準を用いることは段々と受け入れがたくなってきたのである。多様性ないし複雑性に関係なく、より多く

の直接作業時間や機械運転時間を要した製品により多くの製造間接費が配賦されるためである。前述されるごとくである。

たとえば,新製品の導入にともなう原価の増加分は,本来当該新製品が負担すべきものである。これらの原価の一部は依然製造間接費に一括計上され,しかも直接作業時間や機械運転時間といった操業度関連の配賦基準によって配賦される。結果として,比較的に大量に生産されている既存の標準製品にこれら原価が過大に負担される。その一方で,新製品への原価の負担は,それだけ過小に計算されることになるのである。このように,伝統的原価計算のもとでは,相対的に大量生産／標準製品に過大に原価が,少量生産／カスタマイズ製品には過小な原価が生じるのである。原価負担からみれば,それは,本来ならば少量生産／カスタマイズ製品が負担すべきものを大量生産／標準製品が肩代わりをするという状況にほかならない。これを内部補助(cross-subsidization)といい,これによって歪んだ実状にそぐわない製品原価が導き出されるのである。こうして,コストのかさむ少量生産／カスタマイズ製品に実状にあった原価を負担させ,内部補助をなくすことがテーマとなる。

2 間接費配賦の基本的思考

間接費の配賦は,概念上では次の2つの形態によるものが考えられてきた。アロケーション(allocation)による配賦とアポーションメント(apportionment)によるものである。双方の基本的相違は,基礎的な原価プールの同質性(homogeneity)にある。すなわち,アポーションメントは,その主眼を同質な(homogeneous)原価のプールを創発することにおき,これがその後適切な活動尺度(activity metric)ないしコスト・ドライバーにもとづいて個々の製品(ないしプロセス)に配賦される点を強調する(McNair *et al.*, 1989, p. 98)。

これに対して,アロケーションによる配賦形態の主眼は,その原価のプールの異質性(heterogeneous)におく。このために,原価を製品に配賦する際に1つの作用因が利用されるようなときにはいつでも,不正確な製品原価が生じる

のである。ここでは，直接作業時間のような1つの配賦基準が間接費全体のいわばスペクトルの配賦に用いられた伝統的配賦基礎を想いおこすことで十分であろう。結果として，アロケーションは恣意性のある配賦の形態をとる。アロケーションは，原価の配賦におけるこの恣意性の故に最終的な製品原価を歪めることになるのである (McNair et al., 1989, pp. 98-99)。

　こうして，製品原価を歪めるアロケーションは，できるだけ少なくすべきであろう。企業がその管理会計システムの中でアロケーションを用いれば用いるほど，その結果生じる製品原価の数値は歪められ，また不正確となろう。例えば，仮に戦略的製品ラインや価格決定がこれらの原価（アロケーションによる誤った配賦）にもとづいてしばしばおこなわれるならば，はなはだしいアロケーションはGIGO現象 (garbage in-garbage out phenomenon) を誘発し，極端な場合は特定企業の収益性や存続性 (viability) を破壊することになるとまでいわれるごとくである (McNair et al., 1989, p. 99)。

　逆にいえば，主要な作用因で配賦されるより同質なグルーピングを示す多くの原価プールが最良となるのである。ここでは，マクネァ＝モスコーニ＝ノリス (1989) が，かかる原価プールの数が問題であるとつぎの質問を投げかけている点は興味深い。どの程度の原価プールが経済的であるといえようか，あるいはまた企業は十分なプールをいかに決定することができるであろうか，と (p. 99)。結論的に，2つのファクターがこれらの質問に解答を与えると指摘される。情報収集処理コストがその1つであり，もう1つは，原価プール数の増加が最終の製品原価の数値に及ぼすインパクトである。このうち，後者については，ABCの設計担当者が同質な原価プールの最適数に達するために感度分析の方式を採用するよう提言される。この感度分析は，プールに跡づけられる原価を細かく区分することによって，増加する原価情報の精度が最終の製品原価に何ら影響を及ぼさなくなるその点を確認することに焦点をあてるものである。それ以上詳細にすることは，不必要な費用をともなうからである (p. 99)。

　なお，このマクネァその他 (1989) による米国の製造業の調査において，JIT導入の調査対象企業が，同社の主要な原価プールをJIT製造セルの形状に即

して，次のように定義し直したと詳述される。直接固定間接費（直接・間接労務費，主要スタッフの賃金，スペース費や減価償却費を含む），間接固定間接費（生産管理，データ処理や教育訓練を含む），品質保証費および製造エンジニアリング費（給与支払や福利関連費などのエンジニアリング支払経費とプロジェクト経費からなる）である (p. 118)。目的は，個々の製造セルにできるかぎり多くの原価を割当てまた跡づけて，チーム・アウトプットと能率を改善することにあったといわれる。加えて，強調されるのは，同社では，かかるセルへの原価プーリングによってセルに集計される原価が異質に見えるけれども，そのセル内での活動との関連で同質とみなされた点である。さらにまた，製品に配賦される原価の正確性を改良するためにアロケーションを捨てて，アポーションメントを採用する点である (p. 108)。

　以上，2つのポイントに要約できるように思われる。1つは，間接費の配賦は，製品に配賦される原価を正確に求めるためにはアロケーションによる配賦を放棄して，アポーションメントによる配賦をとるべきである。すなわち同質な原価をその共通コスト・ドライバーにもとづいて製品に配賦するのは，アロケーションとは著しく異なるという見解にたつ。直接作業時間といった1つの配賦基準を用いて間接費全体のスペクトルが製品に配賦されるときはその配賦の形態はアロケーションである。アロケーションによる配賦は，恣意性が強く製品原価を歪める結果となる。これに対して，アポーションメントは，できるかぎり同質な原価プールを作ることによって適切な活動メトリックあるいはコスト・ドライバーにもとづいて製品の配賦を可能にする方法である。それは技術的に，コスト・ドライバーの概念を利用するアプローチをとるものであって，このために主要な活動を基礎に同質な原価をプールすることに焦点を合わせるものである。

　第2のポイントは，アポーションメントによる2段階配賦が，正しくクーパーとキャプランによって開発されたABCの，とくに計算原理ないしそのプロセスの焦点であったことである。ちなみに，マクネァその他は，1920年代

にH.チャーチによって提案された機械作業時間法 (machine labor hour approach) を傍証しながら，アポーションメントによる配賦を積極的に主張する。その彼らは，アポーションメントによる2段階配賦はクーパーとキャプランが近年ABCを提唱するその著作の焦点であったと言及しているのである (p. 108)。

以上，間接費配賦の基本的思考について検討した。ここで以下，伝統的な間接費の配賦の手続きからクーパーやキャプランによって開発されたABCまでを計算例を通して理解することにしよう。

3 伝統的な製造間接費配賦とABC

(1) 伝統的な製造間接費配賦

米国の製造業の多くで，伝統的に製造間接費の配賦の手続きに以下の図1・3に示される2段階原価配賦法 (two stage cost allocation system) が用いられてきたことに異論はなかろう。まず，原価がコスト・センターと呼ばれる原価プールに集計されて，それからこのコスト・センターから製品に配賦される。このうち第1段階は，理論の上からも実務の上からも問題とされるところはないと一般にいわれる。機械馬力による動力費，作業時間記録にもとづく間接労務費，床面積による工場経費割当て等，合理的な基準が採用されるぐらいである。監督者や製造部長などが疑問を抱く余地はほとんどなかった。加えて，コ

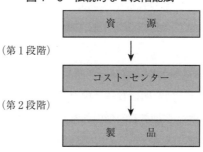

図1・3 伝統的な2段階配賦

スト・センター内で発生する原価である部門個別費はそこでそのまま集計された。これらは，米国の多くの製造業で実によくおこなわれる実務であったのである。

　問題があるのは，第2段階での処理である。製品がコスト・センター間を移動するとき，何らかの基準による原価の配賦が必要となる。この配賦基準に伝統的に最もよく採られてきたのが，生産量や直接作業時間といった操業度に密接に関連するものであった。製品原価のなかで直接労務費がかなりの割合を占めていた時代は，適合していた。しかし，前述されるように，多品種変量生産や生産自動化が進み，製造間接費の割合が著しく増加した環境下では，製造間接費の発生原因と生産量ないし操業度との相関はもはや受け入れがたくなりつつある。製造間接費の多くが製品の生産量よりも，むしろ生産される製品や部品の種類，作業の複雑性（内容）に大きく依存し，またテクノロジー支援活動のための製造間接費が急増しているのである。

　こうして，第2段階で操業度関連の配賦基準が用いられる場合には，例えば新製品の導入にともなう原価の増加分は比較的大量に生産されている現在の製品に過大に負担される。その一方で，新製品または少量生産品の負担がそれだけ過小となる，あるいは現在の労働集約型製品に実状にそぐわない原価が負担される。これらのもとでは，現在の大量生産や労働集約型の製品が，どちらかといえばコストが大きくかさむ少量生産の新製品や技術集約型の製品の内部補助をおこなうのである。

　ハンセン＝モーエン（1994）による簡単な計算例を通して説明をしよう。単一の工場の中で，これまでの大量生産品である製品Bに加えて新たに導入された製品Aが製造されていると仮定する。製品原価計算データは表1・1の通りである。

　表1・1で，直接費は製品別に直課されている。また，製造間接費は製造部門別に集計されている。製造間接費は，段取費，検査費，動力費およびフリンジ・ベネフィットからなるとする。今，これらの製造間接費を製品別に配賦するための最も一般的な方法は，単一の操業度関連の基準を用いて工場全体の配

3 伝統的な製造間接費配賦と ABC　9

表1・1　製品原価計算データ

	製品 A	製品 B	計
月間生産量	40,000 単位	200,000 単位	
直接費	10,000 千円	50,000 千円	60,000 千円
直接作業時間	40,000 時間	200,000 時間	240,000 時間
機械運転時間	20,000 時間	100,000 時間	120,000 時間
生産ラン	40 回	60 回	100 回
検査時間	1,600 時間	2,400 時間	4,000 時間

(単位：千円)

	第1製造部門	第2製造部門	計
直接作業時間			
製品 A	8,000	32,000	40,000
製品 B	<u>152,000</u>	<u>48,000</u>	<u>200,000</u>
計	160,000	80,000	240,000
機械運転時間			
製品 A	8,000	12,000	20,000
製品 B	<u>32,000</u>	<u>68,000</u>	<u>100,000</u>
計	40,000	80,000	120,000
製造間接費			
段取費	8,800	8,800	17,600
検査費	7,400	7,400	14,800
動力費	2,800	14,000	16,800
フリンジ・ベネフィット	<u>10,400</u>	<u>5,200</u>	<u>15,600</u>
計	29,400	35,400	64,800

Hansen and Mowen, 1994, p. 211 をもとに作成

表1・2　製品の単位原価

(単位：千円)

	製品 A		製品 B	
直接費	(10,000／40,000 単位)	0.25	(50,000／200,000 単位)	0.25
製造間接費	(0.54×20,000／40,000 単位)	<u>0.27</u>	(0.54×100,000／200,000 単位)	<u>0.27</u>
		<u>0.52</u>		<u>0.52</u>

賦率を算定するものであろう。ここで機械運転時間を選択するとしよう。製造間接費の配賦率は，0.54千円（＝64,800千円／120,000時間）で，製品ごとの単位原価の算定は，表1・2のごとくである (p. 212)。

段取費や検査費は，生産ラン（段取回数）や検査時間数に比例して割り当てられるべきものであろう。これにより，これらが単位原価に占める割合は大量生産品と比べて少量生産品の方が高くなるはずである。にもかかわらず，これらの製造間接費は双方で同じ（0.27千円）である。大量生産品（製品B）の原価が過大に評価され，少量生産品（製品A）が過小に評価されているのである。このことは，以上のような工場全体のいわゆる総括配賦率ではなく，製造部門ごとの配賦率を採用するときに一層顕著となる。

表1・1のデータによれば，第1製造部門はどちらかといえば労働集約型で，第2製造部門は機械（資本）集約型といえる。また，第1製造部門の製造間接費は，第2製造部門と比べて少ない。これらの違いから，工場全体の総括配賦率より，製造部門別配賦率を求める方法が製造間接費の消費を一層反映するという主張が可能となる (廣本, 1997, 487頁)。第1製造部門には直接作業時間，第2製造部門には機械運転時間を用いることにしよう。第1製造部門の配賦率は0.184千円（29,400千円／160,000時間），第2製造部門の配賦率は0.443千円（35,400千円／80,000時間）である。各製品の単位原価は，表1・3のごとくである (p. 213)。

表1・3　製造部門別配賦率による製品の単位原価

(単位：千円)

	製品A		製品B	
直接費	(10,000／40,000)	0.25	(50,000／200,000)	0.25
製造間接費	[(0.184×8,000) ＋(0.443×12,000)]／40,000	0.17	[(0.184×152,000) ＋(0.443×68,000)]／200,000	0.29
		0.42		0.54

このように製造部門別配賦率が用いられるときは，総括配賦率の場合と比べて少量生産品の単位原価は0.42千円に減少し，大量生産品のそれは0.54千円

に増加することになる。この変化は誤った方向である。製品B（大量生産品）が製品A（少量生産品）に内部補助を一層与えるものとなるからである。こうして，コストのかさむ少量生産／カスタマイズ製品に実状にあった原価を負担させ，内部補助をなくすことがテーマとなるのである。ここに正確な製品原価の計算を目的とするABCが登場するのである。

(2) Ａ　Ｂ　Ｃ

クーパーやキャプランによって開発されたABCによれば，正確な製品原価を知ることができる。コストのかさむ少量生産／カスタマイズ製品に実状にみあった原価を負担させ，内部補助をなくすことができるようになる。これが，クーパー達の主張であったであろう。この主張を積極的に支持し，正確な製品原価の計算を目的とするABCの計算原理ないし計算プロセスは，膨大な文献で，紹介されている。一言でいえば，製品が移動するコストセンター別の計算を省略し，活動を媒介に製造間接費を製品に跡づけるのが最大の特徴であるといえよう。

図1・4のように，ABCでは，活動が資源を消費する，つぎに製品がこの活動を消費すると思考する。これに即して，以下のように2段階配賦をとる。

図1・4　ABCの2段階配賦

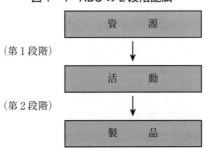

第1段階は，製造間接費の発生と関係の深い活動を認識，選択することである。活動は，テクノロジー支援活動等の生産資源を消費する。製造間接費は，

これらの資源の消費によって生じる。それ故，活動が選択されるときは，それがどのレベルに分類されようとも，製造間接費が活動に跡づけないし帰属可能となる。これが，活動ベースの原価プーリングである。

第2段階は，この活動別原価プールを産出された製品に跡づけることである。そのために，まず，活動別原価プールごとにコスト・ドライバーないし活動メトリックを選択する。ここにコスト・ドライバーは，活動量を測定する原価作用因であり，また活動別原価プールを増減させる要因であり，この意味で活動ドライバーとよばれる。つぎに，このコスト・ドライバーにもとづいてコストドライバー・レートをもとめる。前述されるように，製品は活動を消費する。ここから，各製品が要した各活動のコスト・ドライバーの消費量が測定される。この結果，コスト・ドライバーの総消費量がもとめられる。コストドライバー・レートとは，活動別原価プールをこのコスト・ドライバーの総消費量で除したものである。こうして，活動別原価プールから各製品に跡づけられる製造間接費は，次式により算定される。

> 各製品の配賦額＝各コストドライバー・レート×各製品が要したコスト・ドライバーの消費量

以上の2段階配賦を具体的な例示であらわすために表1・1の製品原価計算データを利用しよう。計算結果を図示するならば，図1・5のごとくである。

例えば，段取原価プールと検査原価プールから製品Aに跡づけられる製造間接費はそれぞれ7,040千円（＝176千円×40回），5,920千円（＝3.7千円×1,600時間）という具合である。こうして，ABCのもとでの各製品の単位原価は，表1・4のようになる。ここで，伝統的原価計算によってもたらされる単位原価と比較するならば，表1・5のように表わされる (p. 218)。

表1・5は，ABCが製造間接費の消費の正確なパターンを反映して，正確な原価を提供するものであることを示す。ABCは，伝統的原価計算が少量生産品／カスタマイズ製品（製品A）の原価を著しく過小に評価し，大量生産品／標準製品（製品B）を過大に評価することを明らかにするのである。

3 伝統的な製造間接費配賦とABC

図1・5 ABCの計算

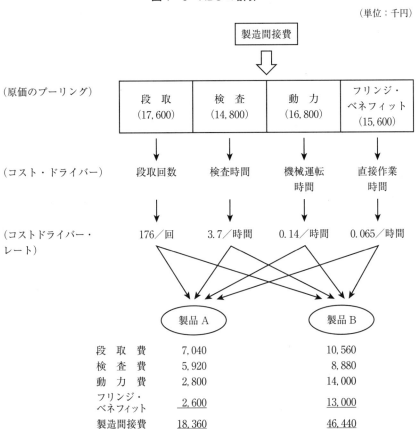

表1・4 ABCのもとでの製品の単位原価

(単位：千円)

	製品A		製品B	
直接費	(10,000／40,000)	0.25	(50,000／200,000)	0.25
製造間接費	(18,360／40,000)	0.459	(46,440／200,000)	0.232
		0.709		0.482

表1・5 ABCと伝統的原価計算の比較

(単位:千円)

	製品A	製品B
ABC	0.709	0.482
伝統的原価計算:		
工場全体の総括配賦率	0.52	0.52
製造部門別配賦率	0.42	0.54

4　2つの仮定とコスト・ドライバー

　以上,伝統的な製造間接費の配賦の手続きからクーパーやキャプランによって提唱されたABCまでを計算例を交えて理解した。これらを通して明らかなことは,そこからは,アポーションメントによる間接費の2段階配賦の思考とこのうちの第2段階でコスト・ドライバーを利用するアプローチが導かれることである。以下,具体的に,そのための2つの仮定とコスト・ドライバーについてもう少し説明を試みることにしよう。

(1) 2 つ の 仮 定

① 同 質 性

　伝統的なコスト・センターに集計される原価のプールは,同質性を欠く。それ故に,これを製品に配賦する際にある作用因,操業度関連基準が用いられるようなときにはいつでも不正確な製品原価が生じるのである。代わりに,原価プールに集計される原価は,すべてその活動との関連で同質であるべきである。ここにABCの計算は,活動との関連で同質な原価プールを創出する同質性の仮定 (homogeneity assumption) を基礎とする。このため,活動の選択には,同質な原価プールを創出するように活動を決定することが重要な判断となろう (Roth and Borthick, 1991, p. 39)。

② 比 例 性

　アポーションメントによる配賦は,同質な原価プールを創出することによっ

て，適切なコスト・ドライバーないし活動尺度にもとづく製品への配賦を可能にする方法であった。選択されるコスト・ドライバーは，関連する原価データをとらえるものでなければならない。原価プールに集計される原価は，極めて同質性の高いものであった。ここに ABC の計算の基礎となるもう一つの前提が導かれる。それは，原価プールのすべての原価は，コスト・ドライバー量の増減に比例して変動するものでなければならないという比例性の仮定 (proportionality assumption) である（Roth and Borthick, 1991, p. 39）。コスト・ドライバーは，原価プールを増減させる原価作用因でもあった。このため，ここに比例性の仮定はまた，原価プールの原価が活動のレベルに比例して変動すべきであることを意味する。

　こうして，ABC の計算原理は，2つの仮定に基礎をおくものであることがわかる。1番目の同質性の仮定は，原価プールに入るすべての原価はその活動との関連で同質であるべきであるという。2番目の比例性の仮定は，原価プールに入るすべての原価は活動のレベルに比例して変動すべきものであることをさす。したがって，ここでは，これらの仮定が満たされないようなとき，ABC は，歪んだ製品原価をもたらすものであるという理解にたつことができるのである。最後に，これらの2つの仮定が満たされないときに生じる製品原価の歪みについて簡単に例示しておこう。

　ロス＝ボーシック（1991）は，ABC が伝統的な原価計算と比べてより正確な製品原価を可能とするけれども，2つの仮定が満たされないときには，かならずしもそうはいかないという立場から，以下のような例示を用いて説明する。

　2つの製品 A, B を月間 10,000 単位生産する会社を想定しよう。原価データと活動データは表1・6の通りである。間接費は，段取費と動力費であり，これらが，2つの仮定が満たされないときに，いかに製品原価が歪むことになるかを明らかにするために用いられる。まず，同質性の仮定を満たさないために生じる歪みを説明するために，段取費が実際は2つの活動が原因でひきおこされているのに単一の活動にもとづいて配賦されるとしよう。仮に，それが段取時間にもとづくのであれば，コストドライバー・レートは1千円（3,000/

16　第1章　ABCの背景と基礎

表1・6　原価および活動データ

(単位：千円)

	製品A	製品B	計
原価データ			
原材料費	2,000	2,000	4,000
直接労務費	500	500	1,000
跡づけられた間接費	1,500	1,500	3,000
配賦間接費：			
段取費			3,000
動力費			5,400
活動データ			
生産単位	10,000	10,000	20,000
段取費：			
段取時間数（分）	1,200	1,800	3,000
消耗品量	100	50	150
動力費：			
生産に消費されるキロワット時間数	200,000	400,000	600,000
能力を保有するために消費されるキロワット時間数	600,000	600,000	1,200,000

Roth and Borthick, 1991, p. 40をもとに作成

3,000)，製品A，製品Bには1,200千円（1×1,200)，1,800千円（1×1,800）がそれぞれ配賦される（p.40)。

　ここで，この原価割当ての欠陥は，段取費が実際には2つの活動要因，段取時間と消耗品量が原因でひきおこされていることである。そこで，仮に段取費の分析によって，1,500千円が段取時間に，残りの1,500千円が消耗品量に関連づけられるとしよう。コストドライバー・レートと原価配賦額は，表1・7のとおりである。製品Aへの配賦原価（1,600千円）が，製品B（1,400千円）よりも高いことを示している。段取時間という単一レートの利用は，段取費の多くを製品Bに配賦することとなり，歪んだ製品原価が生じる結果となる（p.40)。

　つぎに，比例性の仮定を満たさないことから生じる歪みを説明するために，動力部門の総原価についてみてみよう。仮に当該会社の生産プロセスで消費されたキロワット数に対するレートが用いられるならば，ドライバー・レートは

表1・7　コストドライバー・レートと原価配賦

(単位：千円)

段取費

コストドライバー・レート

段取時間	1,500／3,000 ＝ 分当たり 0.5
消耗品量	1,500／ 150 ＝ 単位当たり 10

原価配賦

	製品 A	製品 B
段取時間	1,200×0.5 ＝ 600	1,800×0.5 ＝ 900
消耗品量	100×10 ＝ 1,000	50×10 ＝ 500
	1,600	1,400

動力費

コストドライバー・レート

消費量レート	2,400／ 600,000 ＝ kwhr 当たり 0.004
能力レート	3,000／1,200,000 ＝ kwhr 当たり 0.0025

原価配賦

	製品 A	製品 B
変動費	200,000×0.004 ＝ 800	400,000×0.004 ＝ 1,600
固定費	600,000×0.0025 ＝ 1,500	600,000×0.0025 ＝ 1,500
	2,300	3,100

Roth and Borthick, 1991, p.40 をもとに作成

0.009千円（＝5,400／600,000），各製品の原価は1,800千円（＝0.009×200,000）と3,600千円（＝0.009×400,000）になる。このような動力費の配賦に単一レートを用いる原価割当ての欠点は，原価プールの一部が消費されたキロワット数（すなわちコスト・ドライバー量の増減）に厳密に比例しないことである。それらは，製品Aと製品Bを最大量製造するための能力を保有し，維持するために生じるコストである。動力部門費の分析によって，その総額のうち3,000千円が能力を保有するために生じた固定費で，2,400千円がそのエネルギーとしての電力を生み出す上で生じた変動費であることを示すとしよう。もし各製品の最大能力は表1・6に示されるようなキロワット数を必要とするなら，明らかにより正確な製品原価は変動費分を消費されたキロ

ワット数で，固定費分を能力で配賦することによってもとめられることになる。

表1・7は，こうした手続きによる動力費の配賦を示す。動力費の2,300千円が製品Aに，3,100千円が製品Bに配賦される。これを単一レートを用いた場合と比較するとき，単一レートを用いた場合，製品Aのコストは過少評価され，製品Bは過大評価される。それゆえ，このコストは，比例性の仮定を満たさないことから歪むのである（p. 41）。

最後に，表1・8は，以上の例示における製品原価の歪みを要約している。いうまでもなく，各プールに単一レートを用いる場合，製品Aと製品Bの単位原価は，それぞれ0.7千円と0.940千円である。一方，2つの仮定を満たすコスト・ドライバーを用いる場合，製品Aは0.79千円，製品Bは0.85千円である（p. 41）。

ちなみに，ロスとボーシックは，こうして，2つの仮定を満たすことに失敗するという，ABCの落とし穴に遭遇するかもしれないと警告する。そして，2つの前提が果たして満たされているかどうかを評価するために回帰分析を用いることを薦めている。ABCのコストを製品原価として利用する前に，こうした評価を実行することが健全なアイデアであると結んでいる（p. 42）。

表1・8　原価要約表

（単位：千円）

	同質性でない−段取費／比例性でない−動力費		同質性−段取費／比例性−動力費	
	製品A	製品B	製品A	製品B
原材料費	2,000	2,000	2,000	2,000
直接労務費	500	500	500	500
跡づけられた間接費	1,500	1,500	1,500	1,500
配賦間接費：				
段取費	1,200	1,800	1,600	1,400
動力費	1,800	3,600	2,300	3,100
計	7,000	9,400	7,900	8,500
単位当たり原価	0.7	0.940	0.790	0.850

Roth and Borthick, 1991, p. 41をもとに作成

(2) コスト・ドライバー

　つぎに，ABCのアプローチは，第2段階での配賦基準にコスト・ドライバーを用いるよう主張する。今日までに，以下のような経緯をみてきている。そのさきがけとなったのは，クーパー＝キャプラン (1987) で，第2段階の配賦を直接作業時間などの操業度関連の基準から取引基準へと変化させることで，その結果が劇的であったことである (pp. 219-220)。正確な製品原価は，その第2段階で，例えば直接作業時間や材料費などの複数基準を用いても操業度関連の基準にのみ依存する原価システムでは実現しない。間接費は，生産の複雑性などによって変化するから，多様な異なった配賦基準が必要となる。これらの基準は，取引 (transaction)，つまり生産される製品の量と対照的に，実行される取引数を反映するために関連したものでなければならないのである (p. 220)。もとより，ここに取引とは，通常の売買に限定されるようなものではなく，活動とほとんど同義なものであると解される。それは，クーパー＝キャプラン (1988) でとりあげられたABCの前身が，取引基準原価計算 (transaction based-costing) とよばれるもとでのコスト・ドライバーにほかならない (pp. 24-25)。それらは，取引基準原価計算の中心である非操業度関連の複数の基準から構成されているのである (岩淵, 1989, 16-17頁)。

　しかし同じ時期，クーパー (1987) によって，時間ドライバーの理念が提起される (pp. 43-44)。これは，20年後のキャプラン＝アンダーソン (2007a) で，つぎのような説明をもって紹介される (p. 14)。初期のABCでは，多数の取引基準のコスト・ドライバーが用いられた。しかし，各活動を実行するために必要とされる資源が変化するようなとき，たとえばある段取が他の段取の活動と比べて困難あるいは複雑であるようなとき，ある顧客注文が他のものより処理により多くの時間と努力を必要とするようなとき，ABCシステムは，活動を実行するために必要とされる時間を見積もる時間ドライバーを導入すべきである，と (p. 14)。

　また，ほどなく，再びクーパー (1989) によって，生産される製品に関係な

く，同じ活動量が跡づけられ，消費されると仮定されているために，取引基準のコスト・ドライバーと活動の実際消費量とが完全な相関をもつことはほとんどない，と指摘される (p.44)。期待される製品原価の正確性のレベルを得るために，コスト・ドライバーの数はより増えることになると主張されるようになる (前田, 2005, 121頁)。

こうしてここに，キャプラン＝クーパー (1998) は，ABCシステムの設計者は，3種類の異なる活動ドライバー，取引ドライバー (transaction driver)，時間 (所要時間) ドライバー (duration driver) および強度ドライバー (intensity driver) の中から選択が可能となると提唱するに至る。つまり3者間のトレード・オフの性質を強調するものであり，以下の通りである (pp.95-97)。

① 取引ドライバー

取引ドライバーは，たとえば段取回数，受取回数など，どのぐらいの頻度で活動がおこなわれたのかを表す。最も費用のかからないコスト・ドライバーである。半面，すべてのアウトプットが活動に対して同じ要求をする，すなわち活動がおこなわれる度に同じ資源量が消費されるという前提にあるために，最も正確性に劣る。多くの活動にとって，活動ごとに消費される資源量の変動が十分少ないときは有効だが，資源の需要がかなり異なるときには，より正確な，しかしより費用のかかるコスト・ドライバーがもとめられる。

② 時間ドライバー

時間ドライバーは，段取時間，検査時間など，活動をおこなうために必要な時間を表す。時間ドライバーは，様々なアウトプットに必要な活動量がかなり異なるときに有効である。たとえば，単純な製品の段取には数分で，複雑で精巧な製品の段取には数時間がかかるといったような場合である。ここで段取回数のような取引ドライバーを用いると，前者の単純な製品への原価が過大に評価され，後者の複雑な製品への原価は過小に評価され，製品原価に歪みが生じる。時間ドライバーは，取引ドライバーと比べてより正確ではあるが，それを利用するにはより費用がかかる。

③ 強度ドライバー

　強度ドライバーは，活動がおこなわれる度に利用される資源に直課するものをさす。たとえば，時間ドライバーを用いても，ある段取には必要であるが，他の段取には必要のないところの追加の熟練工のような従業員や高価な設備などはとらえることはできない。こうした時間ドライバーでさえも十分に正確でないような場合，強度ドライバーを用いれば，作業報告書などの記録にもとづいて活動の原価をアウトプットに直課することができる。強度ドライバーは最も正確な活動ドライバーであるが，利用するためには最も費用がかかる。

　時間ドライバーは一般に，取引ドライバーよりも正確となる。しかし，これらはまた，測定するのにより多くの費用がかかる。このようなもと，多くのABCシステムの設計者達は，これらのコスト・ドライバーが，活動の生じるつど，それによる資源需要が合理的に近似するときにはいつでも，取引ドライバーを基本的に用いるように努めているのである (Kaplan and Anderson, 2007a, p. 14)。

(3) その他の間接費配賦法

　以上，アポーションメントにもとづく間接費配賦の思考，技術的にはコスト・ドライバーを利用するABCのアプローチについて明らかにした。しかし，顧みて，間接費の配賦計算は，以上のABCに象徴されるような基本的な間接費配賦の思考ないし考え方に挑戦あるいはそれに向けて劇的な刷新をはかる議論ばかりではなかろう。単純に考えて，過去には単一基準間での移行や複数の基準を併用する方法が厳然と存在したのである。間接費の配賦基準に問題があるとされる直接作業時間や直接労務費から機械時間に移行するケースは，前者の典型であろう。自動化等が際立つ程，直接作業時間等は，製品の生産資源に対する要求を十分に表す合理的なサロゲートとはいえないであろう。こうして，自動化がマンレートにかえてマシンレートの採用を促すのは，理論のみならず実務の上からも首肯されよう (櫻井，1995，37-38頁)。また，JIT製造企業などが材料費基準へ移行することもあろう。材料費は，それが既存の原価計

算システムから容易に集計されるために機械時間と比べて費用が少なくてすむ1つの簡素な方法と考えられる。この点，マシンレートへの移行は，企業に多くの新規なデータの集計を要請することになるのである。

このように，直接作業時間から機械時間や材料費へ移行するのは，現実にそぐわない配賦基準を用いる問題からある程度の不満を解消することになろう。同じことは，これらの基準を同時に併用する複数基準が用いられるケースにもいえよう。これには，2つの基準に限らず3つの基準をも同時に併用するケースも含まれる (Cooper and Kaplan, 1988, p. 22)。

ここで前掲のマクネァその他の調査から，2つの基準を併用する企業をみてみよう。この企業は，JIT の導入と進展においてリーダー格である。反面，間接費のとりくみにおいて多分に遅れをとっているといわれる。これに対する解決策として，第2段階の配賦基準に生産関係の間接費は直接作業時間で，材料関係の間接費及び支援関係の間接費は材料費でそれぞれ配賦することになる。生産関係の間接費は，直接労務費（賃金や給料），消耗品費，減価償却費及び用役提供部門費のすべてを含む。材料関係の間接費は，購買，在庫，マテハン，エンジニアリング変更および材料品質検査を，また支援関係の間接費は経営管理やエンジニアリング領域における費用一切を含むものであるとされる (McNair, *et al.*, 1989, p. 104)。

このうち，材料費基準で配賦される材料関係の間接費はアポーションメントによる配賦である。これに対して，同じ材料費基準でも支援関係の間接費プールは，アロケーションによる配賦である。したがって，このプールに材料費基準を用いることは，材料関係の間接費のプールと比べて製品原価を歪める可能性が大きいであろう。同じことは，直接労務費が組み入れられる生産関係の間接費についてもいえる。生産関係の間接費のプールは異質な原価を創発するのである。この結果，2つの配賦基準だけでは，同社の JIT 会計あるいは活動会計（activity accounting）の目標からは乖離する。しかし，その一方で，マクネァその他は，材料費基準は直接作業時間基準のみを用いる場合よりも一歩前進で，それは同社の JIT 製造の実態に応じて会計システムに変化が生じた1

つの領域であると述べている (McNair *et al.*, 1989, p. 104)。

とはいえ，複数基準がとられること自体が，前述されるように同社の間接費へのとりくみが遅れをとっている証左でもあろう。同社の信念は，この配賦手続きに改善の余地を認めつつ，間接費を追跡し配賦することよりむしろ非付加価値間接費 (non-value added overhead) を取り除くことに向けられるのである。すなわち，活動を直接管理することにより非付加価値活動を分析しようとする思考が基本である。

以上，米国製造業の間接費配賦基準の実務に象徴されるように，その多くが製品への一層のきめ細かい原価の跡づけを模索中である。しかし，単一の配賦基準間での移行あるいは複数基準を採ろうとも，いきつくところは同じ結論に達する。例えば，直接作業時間から機械時間への移行がはかられても，実状にそぐわない原価が製品に跡づけられることに変わりはない。操業度関連の基準である限り，これらの可変部分を多くもつ製品ほど原価が高くなる。逆に，可変部分の少ない製品ほど原価が低くなり収益があるようにみえるのである。

複数基準を併用しても同じことがいえよう。複数基準によって配賦されるすべての原価は同じ行動をとる。すなわちそれらは製造された生産数量に直接比例して増加するという仮定に立つ。まさに，原価が単一の可変部分によって発生するのである。生産数量ではなく，製品の多様性と複雑性とともに変動する多くの原価が現実の製造業では発生している。現段階において，あくまで理論の上からは，いかなる方法も活動やコスト・ドライバーを原理的に用いるABCのアプローチを凌駕するものではないのである。

問題

問題1

Bランプ社は，高級ランプ製品の品揃えで注目される。会社は，工場の1つでクラシックとモダンの2種類の型を生産している。社長は，近年現在のユニット基準の原価計算システムからABCシステムへの切り替えを決定した。この変更を全社規模でおこなう前に，当該工場の製品原価への効果（影響）を評価することにした。この工場が選択されたのは，多くの他の工場が少なくとも10数種類の型を取り扱うのに対して2種類の型だけを生産するためである。

この変更の効果を評価するためにつぎのような年間データが収集された（単純化のために，1工程を仮定する）。現在の原価計算システムのもとで，生産設備を稼動しマテハンや段取を実施する原価（製造間接費総額）は，機械運転時間にもとづいて各ランプに配賦される。ランプは，バッチで生産され移動される。

(単位：千円)

ランプ	生産量	直接費	機械運転時間	マテハン	段取
クラシック型	400,000	80,000	81,250	300,000	100
モダン型	100,000	15,000	43,750	100,000	50
金額	—	95,000	50,000[a]	90,000	60,000

a. 生産設備を稼動する予算コスト

設問1 現在のユニット基準アプローチによる各ランプの単位原価を計算しなさい。
設問2 ABCアプローチを用いた各ランプの単位原価を計算しなさい。
設問3 ABCシステムへの切り替えについて評価しなさい。

(Hansen and Mowen, 2006, p.109にもとづく)

問題2

以下のコスト・ドライバーに関する記述のうち，誤っているもの1つを選びなさい。

(ア) 通常製造間接費が生産量と相関するのは，生産量が間接費の発生原因であることを意味するものではない。実際はこれらがあたかも因果的に相関しているようにみえるためで，製造間接費を決定する構造的な活動よりも生産量の測定や直接作業時間に関心を払う傾向にあるのである。

(イ) 活動の生じるつど必要とされる資源需要が近似するようなときは，取引ドライバーの採用が基本的に勧められる。しかし，もし個々の活動が実行されるつど，異なる資源量が消費されるときはいつでも時間ドライバーの応用があてはまる。

(ウ) コスト・ドライバーには一般に，資源コスト・ドライバー（資源ドライバー）と活動コスト・ドライバー（活動ドライバー）とがある。資源ドライバーは，ABCの2段階配賦の第1段階で，活動ドライバーは第2段階で利用される。通常コスト・ドライバーといわれるときは，活動ドライバーをさす場合が多く，これには，取引ドライバー，時間ドライバーおよび強度ドライバーからなるのが今日的である。

(エ) 資源ドライバーは，資源から活動に原価を割り当てるために用いられるものであり，消費される資源の量を見積もる要因である。そのための実際の技法には，従業員へのインタビューや調査を検討するものがある。従業員は，活動明細票（活動目録）にある活動に費やした時間の割合を見積もるようにもとめられる。この場合，資源の総額はこれらの時間構成比にもとづいて活動に割り当てられる。

(オ) 操業度関連の基準を用いる伝統的な原価計算では，原価に作用する要素は常に製品である。直接労務費，機械時間などを消費するのは製品である。これに対して，取引関連の基準では，原価に作用する要素は，取引を生じさせる原因である活動を消費するものである。ここに，取引基準のコスト・ドライバーが支持されるのである。

第2章

ABCと意思決定

　キャプランとクーパーの当初の意思決定は，価格決定中心であった。せいぜい製品の組み合わせ決定の域にとどまるものであり，これらへのABCの役立ちであった。すなわち，大きな支援資源の需要を要する製品には価格を上げ，他方これまでの他の製品を内部補助してきて大量生産品にたいしては一層の競争レベルを維持するために価格の値下げで対応することができた。この結果，製品の組み合せ決定にも到達できるのである。こうした意思決定へのABCの有用性は，さらに製品フルライン対焦点ライン，製品ライン（系列）の存続か廃止，部品の自製か購入かなどの製品戦略に一環する意思決定にも拡がり，展開されることになる。もとより，ここでは，ABCが，これらの古くから知られる業務的な意思決定にとって変わるなどと考えてはならない。ABCのもつ戦略的洞察によって，これらの意思決定への効果が強化されると理解すべきである。ABCは，いわば良質の情報を提供するパワーを秘めるのである。古くからの意思決定という古い革袋の中に，新しいワインたるABCをそそぐことが強力なメッセージとなるのである（門田，2001，63頁）。

　以下，部品の自製か購入か，製品ライン（系列）の存続か廃止かの2つの意思決定に限定するもとでABCの有用性をみていくことにする。ただし，その検討に先立って，追加的ないわば理論武装が必要となることに注意したい。ABCの活動の階層モデルと資源消費モデルとしてのABC理論の展開がそれである。

1 ABCの活動の階層モデル

クーパー (1990) によるフィールド調査を手がかりに，ABCの活動の階層モデルについて理解しよう。

(1) 活動の階層

クーパーの調査は，6つの製造業が間接費を製品に配賦するためにユニット・レベル，バッチ・レベル，製品支援レベルおよび工場設備維持レベルに関連する基準を用いたことを示す。6社全部がユニット・レベルを用いる。そのうえで2社はバッチ・レベルと製品支援レベルの基準を用いる。他の4社は，バッチ・レベルないし製品支援レベルのいずれかの基準を用いる（表2・1参照）。結果的に，十分に設計されたABCをもって次の定義があたえられる。ABCは，工場の生産プロセスの主要な活動を確認し，それらを次の4つの活動に分類する。ユニット・レベル，バッチ・レベル，製品支援レベルおよび工場維持レベル。最初の3つの活動の原価は，割り当て対象となる原価の基本的行動をとらえる基準を用いて諸製品に配賦される。工場維持の活動の原価は，期間費用として処理されるかもしくはある任意の方法で製品に配賦される (p. 6)。

クーパーその他 (1992) もまた，ほとんどの製造業（5社のうち4社）でのABCの開発プロセスで工場の主要な活動が明確にされ，その後のコスト階層にしたがって再分類されたと記述する。例えば，A社では，ABCの開発によって工場の最終工程でユニット・レベル以外の多くの活動が存在する。その組立工程では，26の活動のうち12がユニット・レベル，10がバッチ・レベル，3つが製品支援レベルで，残りの1つが工場維持レベルであった。ユニット・レベルの基準は，機械時間やチューブの数，箱の数等を用いる。ユニット・レベル以外の基準は，ラインの数，ロットの数，品質上の諸問題に直面した件数等を用いる。こうしたユニット・レベル以外の原価が大量に存在するため作業

表 2・1　ABC で用いられる基準とタイプ

	基準の タイプ		基準の タイプ
S 社：EMW		J 社：	
直接作業時間	U	直接支援労務費	U
機械時間	U	機械時間	U
直接材料費	U	段取替時間	B
付加価値	U	製造命令アクティビティ	B
製品注文数	B	マテハン（資材運搬）	B
特別構成部品数	B	付加価値（G&A）	P
S 社：		T 社：ポータブル機器事業部	
段取替時間	B	直接労務費	U
段取回数	B	部品番号数	P
Wip の平均額	P	H 社：ローズビル・ネットワーク	
組立作業に届けられた直接	B	事業部	U
作業時間数		とりつけ数	U
売上金額と売上数量	U	試験時間数	U
特定部門の直接労務費	U	垂直接合数	P
標準直接労務費	U	回路数	P
COGS	P	部品数	P
船積による受入買入部品数	P	スロット数	
船積による受入原材料数	P	K 社：	
船積数量	P	COGS	U
買入および生産部品数	U	非在庫項目の発注	B
顧客注文数	P		
送付した購買注文数	P		
補助材料注文数	P		
受け取った購買注文数	P		

　基準は，次の 3 つのタイプに分類される：U はユニット・レベル，B はバッチ・レベル，および P は製品（支援）レベルである。Cooper, 1990, p. 6.

や操業時間を基準に製品原価を算入してきた伝統的原価計算システムは，歪んだ製品原価データを提供していたことになるのである (pp. 227-284)。ちなみに，クーパーその他はまた，これらの製造業のマネジメントが，ABC は単に正確な製品原価計算の設計を目的とするために用いられるものではなかったことに驚き，またそのことに確信をもったと報告している (p. 59)。

このように，クーパーやクーパーその他によるABC導入のフィールド調査は，支援資源，間接資源の全てが生産量，すなわち生産されたユニット数（単位数）に比例して消費されるものではないこと，それ故にABCは，伝統的原価計算システムと比べて2つ以上の新たな活動の組み合わせを必要とすることを明らかにする。以下クーパー (1990) やクーパー＝キャプラン (1991a) によるこれらの活動の定義を見ておこう。

バッチ・レベルの活動は機械の段取，部品の発注や検査等のように1つのバッチが生産されると遂行されるものをいう。処理されるバッチ中のユニット数とは無関係である。例えば，ある機械が1つの生産から他の別の製品加工のためにシフトされるとき，段取資源が消費される。この機械段階の資源への需要は，この段取終了後に生産される製品のユニット数とは無関係である。部品や資材の発注における資源も，発注のつど消費される。ここでの消費資源は，発注されたユニット数とは無関係である。この他，生産日程計画，初期手直しなし完成率等の検査に費やされる資源についても同様である。これらは，工場で着手される生産ランの回数によって変動して生じるもので，各生産ランで生産されるユニット数とは無関係である (pp. 5-6 および pp. 270-271)。

製品支援レベルの活動は，異なるタイプの製品が生産販売されることを支援するために遂行される。この活動に消費される資源には各製品ごとに正確な材料仕様や生産手順を保守管理する情報システムやエンジニアリング資源をはじめ，設計変更を通知するための資源が含まれる。他に，各製品ごとに加工プロセスを検討し，検査手続を確立し製品材料を強化するための資源も含まれる。これらの活動は，工場において生産される製品のタイプの数が増えるにつれて頻繁かつ集中的に遂行される。したがって，これらの活動の原価は，製品ごとに跡づけられるものの，製品の生産されるユニット数やバッチの回数とは無関係である (pp. 5-6 および p. 271)。

工場維持レベルの活動は，工場の全般的業務作業を維持する。工場現場のプラント，要員または会計事務に係わる管理から建物の保守，安全対策，光熱，照明，清掃などである。工場設備維持レベルの活動も，バッチ・レベルの活動

と同様に製品の生産を可能にするためのものであるが,個々の製品の量や組み合せとは無関係である。それらは,異なるタイプの製品に共通あるいは結合し,原価も当該工場設備のもとで生産される全ての製品に共通するものである(p.6,およびp.271)。

一方,伝統的原価計算システムは,生産量に比例して資源原価(費用)を配賦してきた。直接材料費,直接作業時間,機械運転時間等の操業度間連の基準を用いて間接資源の原価を配賦するものであった。このため,伝統的原価計算システムは,生産量単位レベルの基準,すなわちユニット基準システム(unit-based systems)とよばれ,ユニット・レベルの活動に焦点をあてるものである(p.5およびp.274)。

クーパー=キャプラン(1991a)は,こうして,以上のように分類される工場の活動に各活動で消費される資源を対応づけて,図2・1のような活動の階層図を示している(p.272)。図2・1では,例えば製品支援レベルの原価は,生産される製品のタイプの数に増加して変動する。決して,バッチやユニット・レベルではなくこれらと混同してはならないことを表すものである。

(2) 製品原価の報告と思考の変化

図2・1で示される活動の階層の見方は,つぎに製品原価の報告とその思考に重要な変化を生む。クーパー(1994)は,ユニット製品原価の全部原価を報告することにかえて,各製品の総産出製造原価(cost of manufacturing the total output of each product)の報告を求めている。クーパーは,この変化を説明するのに,伝統的原価計算システムが常に下方指向(downward orientation)をとるのに対し,ABCは,上方指向(upward orientation)を考慮すべきものと思考する(p.B1-7)。要するに,全ての原価をユニット・レベルに下方に配賦するのではなく,むしろ製品支援レベルに集めるべきと考えるのである(図2・2参照)。

興味ある点は,こうした思考が,前出のクーパー(1990)やクーパーその他(1992)の調査によるABCの導入企業(によって用いられるABC設計)の多

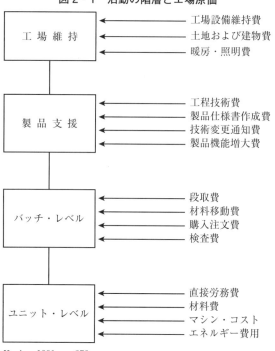

図 2・1 活動の階層と工場原価

Cooper and Kaplan, 1991a, p. 272

くが最終的に伝統的な下方指向にしたがって製品原価を求めていたという発見に由来することである。すなわち、多くの ABC の導入企業は、その開発にあたって、まずユニット、バッチおよび製品支援の各レベルの原価を決定したその後に、以下に示されるような手続を通して全部原価によるユニット製品原価の算定に至ったと詳述される。(Cooper, 1990, p. 10, Cooper, 1994, p. B1-3)。

① バッチ・レベルの原価をそのバッチ内で処理されたユニット数で割る。
② 製品支援もしくは工場維持レベルの原価を生産された製品ごとのユニット数で割る。
③ これらの結果をユニット・レベルの原価に加算する。

事実上、これによって、バッチと製品支援レベルの活動の原価を個々のユニット製品に配賦することになる。それはあたかも、図2・1の階層図に示され

る垂直のリンクを下方に矢印で引っ張る，すなわち下方指向に等しいのである。

　これに対して，クーパーやキャプランの主張は，重要である。以上の手続は，これらの原価が生産されたユニット数に因果的に関連するかあるいは直接比例することを意味し誤った方向を与える (Cooper and Kaplan, 1991a, p. 273)。それはまた，バッチや製品支援レベルの原価を生産されたユニット数で割ることにより，これらの原価がユニット数とともに変動するとマネジメントが誤って解釈するシグナルを送ることになる (Cooper and Kaplan, 1991b, p. 132)。さらに，製品の原価構造の変動性 (variability) について誤った印象を導くのであり，不正確な変動性を示唆するのである (Cooper, 1994, p. B1-7)。

　バッチや製品支援レベルの活動の定義に示されるように，バッチや製品レベルの原価は，生産されるユニット数とは無関係に生じる。すなわち，バッチ・レベルで生産される資源の量は，当該バッチ内で処理されるユニット数ではなく，バッチの回数が増える（減少する）につれて増加（減少）する。同様に製品支援レベルで消費される資源も，異なるタイプの製品の数に依存して変動するのであって，生産されたユニット数やバッチの回数によるものではないのである。

　このようにみてくるとき，ABCの支持者が伝統的原価計算システムの短期的視点からの変動費と固定費の見方を擁護しないことがわかる。ABCでは，生産されるユニット数に強く相関し，直接的に比例して変動する短期的な変動費は考えられない。代わって，長期的に，全ての原価は活動に対して変動するというのが現実のABCの本来的な変動費コンセプトである。それ故に，仮にもABC導入企業が伝統的な原価計算システムの下方指向にしたがい，ユニット製品原価を求めていることが，バッチや製品支援レベルの活動の原価が生産されるユニット数に比例して変動するかのように不正確な変動性を示唆するものであってはならないのである。

　それでは，不正確な変動性の示唆 (inappropriate suggestion of variability) を克服するにはどう対処すればよいのであろうか。答えは，明白である。バッチや

製品支援レベルの活動の原価を生産されるユニット数で割ることを避ければよい。クーパーやキャプランは，ABCのシステムが，ユニット・レベル，バッチ・レベルおよび製品支援レベルの活動に対してそれぞれ別々にその原価を報告することで不正確な変動性の示唆を克服できると提案する (Cooper, 1990, p. 10, Cooper and Kaplan, 1991a, pp. 273-274, Cooper and Kaplan, 1991b, p. 132)。すなわちABCのシステムは，製品ユニットではなく，各活動の原価を"マス"(mass)で別々にとらえて報告し，それからこれらの原価を製品支援レベルに集めるのである。具体的には図2・2に示されるように総製品費用（各製品ごとの総産出製造原価）に集積することを可能にし，上方指向の思考に達するのである。総製品費用は，個々の製品に因果的に跡づけられる費用のすべてを考慮に入れる一方で，これらのすべてが生産されるユニット数に変動するものでも，またこのことを示唆するものでもないのである (中根, 1992, 98頁)。

以上，活動の階層の見方に応じた製品原価の報告とその思考の変化について

図2・2　ABCの上方指向の思考

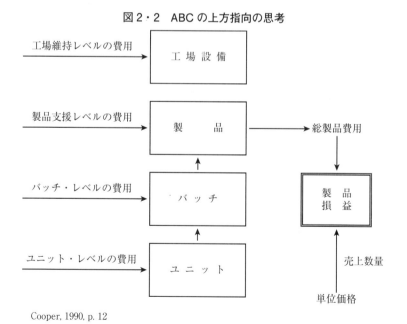

Cooper, 1990, p. 12

探ってみた。結論的に，クーパーとキャプランは，総製品費用を報告し，また工場維持，製品支援およびバッチ・レベルの各活動の原価をユニット・レベルの原価と区分することが，これらの報告を受け取るマネジメントに彼らの行動との関連ないしかかわり合いを容易に理解させることになると洞察する (Cooper and Kaplan, 1991a, pp. 272-273)。彼らは，図2・2で示されるような手続にしたがって適正に設計されるシステムをABC階層モデル（ABC hierarchical model）とよぶ。以下，ABC階層モデルのもつ行動との関連について補足しておこう。

(3) ABC階層モデルと行動

これまでの議論を通して，ユニット基準のシステムである伝統的原価計算システムは少なくとも意に反することを知ることができよう。というのは，伝統的な原価計算システムが，マネジメントの関心をユニット・レベルの行動に向けさせる傾向にあるからである。例えば，価格の値下げを決断する一方で，製品原価を削減するために原材料の購入価格を下げたり，直接作業をより能率的におこない，また機械をよりよく運転させたりすることが重視される。また，ユニット基準のシステムは，間接費の配賦に操業度関連の基準を用い，バッチや製品支援レベルの活動の原価をすべてではないが，多くの製品を平均化してしまう。皮肉にも，エンジニア達は，これらの操業度関連の基準である直接材料費，直接作業時間，機械時間等のユニット・レベルの原価を削減することで個々の製品原価を低減する努力を試みたのである (Cooper and Kaplan, 1991a, p. 278)。

このようなユニット・レベルの行動が過去，米国製造業に有益であったことも認められる。しかし，クーパーやキャプランがキング（A. King）とのインタビュー等で指摘するがごとく，1990年代に入ってからの米国製造業の多くのケースで改善の余地は多くは残っていないというのが正鵠を射るのである。すなわち，過去40年間，多くの米国製造業また産業エンジニアリングは，直接作業や機械時間の能率や効率を高めることで実に多くの節約をかち得ることに

成功してきたのである。もはや，米国製造業においてこれらのユニット・レベルの活動に必要とされる資源から削減できる余地は殆どといってよいほど残っていない (King, 1991, pp. 22-26, Cooper and Kaplan, 1991b, pp. 131-132)。今や，改善の多くの機会は，バッチや製品支援レベルの活動に向けられる。これらは，米国製造業が1980年に入ってようやくとりかかった活動で，今日まで継続的改善活動とその基盤をなす先端製造技術の進展に伴って容易になったものである。欠陥を取り除き，初期手直しなし完成品率を増やし，段取時間を短縮し，工場配置や材料のフローに改良を加え，より少ない部品と共通部品をもつ製品を設計し，設計を製造に結びつける CAD や CAE を導入し，FMS や CIM に向かう継続的な改善活動がそれらであり，こうした改善活動への著しい強調は，個々の製品がバッチや製品支援レベルの活動に要求する資源の需要を減少ないし除去するための行動としてみるものである (Cooper and Kaplan, 1991a, p. 279)。

　継続的改善活動の主な目標は，段取時間の短縮，工場の配置替え，材料フローのよどみない改良，さらに品質の向上などを含む。これらのすべてが，1つのバッチを処理するために必要な資源を減少する。1つの工場で類似製品を生産する工場重点アプローチは，バッチや製品支援資源の削減を生む。少ない部品や共通部品をもつ製品の設計，製造エンジニアによる製造の容易さを目的とする設計への努力は，製品支援資源に対する需要を減少する。CAD や CAE の先端製造技術は，個々の顧客ごとにカスタム化した少量製品の生産（製品やサービスを大量生産と同じ低コストで生産する）におけるバッチや製品支援資源の需要を削減するのである。

　こうして，総製品費用を報告し，また製品支援やバッチ・レベルの原価とユニットを区別する ABC 階層モデルは，改善の多くの機会があるバッチや製品支援レベルの活動にマネジメントの注意をうながし，この活動の管理を改善する情報を提供する，新たな行動とのかかわり合いをもつことになる。クーパー＝キャプラン (1991a) は，そのいくつかをあげている。

　たとえば，ABC 階層モデルは，製品支援やバッチ・レベルの活動に現在費

やされている原価の額を明示する。マネジメントは，これらの活動のいくつかが予期せぬほど高くつくものであると知ることによって，継続的な改善努力をこれらの活動を遂行するために要する原価の削減に向けるであろう (p.278)。また，ABC 階層モデルは，既に TQC や JIT 活動の理念を取り入れ，これらの活動をうまく実施している企業にこれらの改善アプローチへのコミットメントを正当化する財務上のベネフィットを生むであろう。製造の容易な設計や TQC や JIT 活動等への投資を正当化するのに役立つのである (p.278)。

さらに，こうした財務上のモデルは，組織が改善の最大の機会をもつ活動に焦点をあてることができるよう優先順位を決定するために有用である。これらの財務モデルが入手できなかったならば，多くの改善活動が，もともと多額の支出がない活動の領域や改善からの利益が余り大きくない領域に向けられることになるかも知れない (p.278)。

最後に，ABC 階層モデルは，事後的にうまくいった原価低減行動からの節約額を確認できる。組織は，彼らの ABC モデルを定期的に再評価することによって，どの改善が事実上，収益性の拡大を伴っているかについて学ぶことができる (p.278)。

2 資源消費モデルとしての ABC 理論

一連の文献によるとき，資源消費モデル (model of organizational resource consumption, resource-usage model) としての ABC の適用は，活動によって消費される資源の原価を測定する ABC に主眼をおく。特に資源消費モデルが，原価は資源への支出 (spending) ないし供給 (supply) によるものではなく，活動における資源の消費を原因に引き起こされる前提に立つことから圧倒的な支持を得ている。象徴的にいえば，ABC は消費される資源の原価を測定するモデルであって，供給される資源への支出にもとづいて原価 (費用) を測定する財務上の期間モデルとは異なるものである。

このように資源消費モデルとしての ABC の利用は，資源への支出と消費と

を明確に区別することを主要コンセプトとする。以下，その考察を3つの局面から掘り下げて検討しておこう。

(1) 理　　念

　前出のクーパー＝キャプランやその後の彼らへのキングのインタビューは，示唆に富む。ABCは，資源の消費の変化が当該資源へのそれに相当する支出の変化によってフォローされることを認める。ABCは，将来の支出の傾向を予測するために　組織の活動によって消費される資源の量を見積もる（Cooper and Kaplan, 1991a, p. 276）。一般に，すべての原価は，長期的にみて変動するという言い方に慣れてきた。この現象の正しい表現方法は，長期的において資源への支出は資源の消費（消費量）に従う傾向があるということである。人が将来のどこで支出が生じるかを発見したいと願うならば，今日の消費量を調査し，そしてその将来の消費をモデル化するのがよいであろう。人は，短期的には支出を変更できないかもしれない。しかし，結局支出は消費に整合して生じるであろう。こうして資源消費モデルはまた，将来の支出についての最良のインディケーターでなければならない（King, 1991, pp. 22-23）。

　こうして，資源への支出と消費との区別から，資源への支出は資源の消費にしたがう傾向がある，あるいは支出は消費に整合する形で生じるという理念が導かれる（Cooper and Kaplan, 1991a, p. 276）。例えば，月5,000回の検査を遂行するために2,500千円の支出がなされた。つまり，1回当たり0.5千円で，5,000回の検査を遂行するキャパシティが創られる。消費は，具体的に何人かの検査係が現実に遂行した検査回数に関係する。仮に今月，4,000回の検査が遂行されたとすれば，ABCは，検査資源が2,000千円（0.5×4,000）消費したことを測定する。当面の理念をこの例に照会しよう。マネジメントは，この新たな資源消費のレベル，2,000千円に支出（費用）を減少させるために未使用資源500千円を処分ないし再配備することになろう。これによって，支援資源への支出（費用）レベルを少なくする一方で，これまでと同じ収益を獲得でき，利益は上昇する。

代替的に，マネジメントは，未使用資源を生産量を増加する目的で利用できる。これは，次により多くの収益（スループット）となって生じる。一方で資源の支出をほとんど伴うことなく，あるいは不変にとどまるために利益は上昇する（Cooper and Kaplan, 1991b, p. 135）。

以上，資源への支出と消費の区分から導かれる理念は，未使用資源や未使用のキャパシティの処分や再配備が，当該組織の収益性の改善につながることを明らかにする。いいかえれば，もしこうした行動がとられなかったならば，収益性の改善はみられないことになる。以下に，改めて要約しておこう。すなわち，活動は資源の需要を要求する。活動には，供給される資源が提供されている。仮に，資源の量を低減するための合理的な方法がとられ，提供されている資源の消費量が減少したとしよう。資源消費モデルとしてのABCはこの事実を測定することに意義をもつ。しかし，このことが自動的に企業の収益性の改善につながるものではない。大雑把ではあるが，消費された資源の減少は，いくつかの解放された資源あるいは未使用のキャパシティを組織内に創造する。つまり，企業は，現在の活動に消費されずにすむ，節約できる資源を生む。したがって，収益性を改善するためには，マネジメントもここに解放された資源や未使用のキャパシティを意識的に処分するかあるいは再配備するかいずれかの決定をとらなければならない。資源への支出と消費を区別することが，ここで決定的な意味をもつゆえんである。

(2) 供給される資源のタイプ

以上の理念は，企業によって供給（投入）される資源のタイプを所与として理解されていた。クーパー＝キャプラン（1992）やクーパー（1994）は，供給される資源あるいは企業が獲得する資源のタイプを必要のつど供給される資源と消費に先立って供給される資源とに区別するもとで，同様の考察に接近する。

原材料は，通常必要とされるつど注文され，その材料費（支出）は消費される材料の原価に等しくなる。生産機械等を運転するために供給されるエネルギー費用（支出）も，そのエネルギーを消費する原価に等しい。職業紹介所か

ら日雇いへの一時払い，出来高払い給あるいは超過勤務手当も同様である。また，貸与者によって供給される資本，例えば借入額に利子を課するのは，その供給と消費原価が一致するケースである。これらの資源は，何ら未使用資源やキャパシティをもたない。この意味で，クーパーやキャプランは，これらを必要（消費）のつど供給される資源（resources supplied as used）と呼ぶ。このことが資源を供給する費用（支出）を消費されるその資源の量，したがってその原価に強く相関させることになる（p. 4 および p. B1-11）。

以上の必要のつど供給される資源は，当期の活動において完全に消費される。これに対して，企業は当期の活動において完全に消費されることのない多くの支援資源を供給する。そしてそのためのコミットメントは，さまざまな形態をとるのが普通である。企業の組織は，将来の数期間に用役を提供する資源についての現金支出をおこなう。例えば，間接部門の建物設備を購入するときなどがそれで，かかる取引は，その資源の耐用期間の各期に費用を認識計上する。これらを供給する費用（支出）は，当該資源のどれだけが消費されるかに無関係で毎期生じる（p. 5 および p. B1-11）。

組織はまた，将来の数期間の資源の利用を獲得するために明示的な契約（explicit contract）を結ぶ。例えば，資源をリースするケースがそうで，前金による現金支出が生じるが，関連する費用はその後の期間で認識される。現金支出額と関連する費用の額とは，当該期間の実際の資源の消費量とは無関係である。さらにまた，アクティビティ・レベルの一時的下降（休止）にもかかわらず，組織は雇用関係の水準を維持するという月給あるいは時間給従業員と暗黙の契約（implicit contract）を結ぶケースがある。これらの従業員に関わる費用（支出）は，従業員によってなされる作業に無関係で不変である（p. 5 および pp. B1-11-B1-12）。

以上，組織は，用役単位の実際の需要（要求）が実現する前にこのような資源あるいは用役キャパシティを提供する資源を獲得する。それ故に，消費に先立って供給される資源（resource supplied before used）とよばれる。結果として，これらの資源あるいは資源からの用役能力を供給する費用（支出）は，消費量

に無関係に発生し組織に未使用資源ないしキャパシティを創造する可能性が大きい。ここに，企業によって供給される資源を以上のように2つのタイプに区別する意義があるのである。そして，後者の消費に先立って供給される資源には未使用資源ないしキャパシティが生じ，この解放部分を意識的に処分あるいは再配備することが費用（支出）の減少につながるのである (p. 3 および pp. B1-8-B1-9)。以上が，表2・2のようにまとめられる。

表2・2　供給される資源のタイプ

	必要のつど供給される資源	消費に先立って供給される資源
項　　目	原材料，エネルギー，日雇い一時払，出来高払い，超過勤務手当，借入金利子	間接，支援部門の建物設備機器，リース資産（明示的契約） 月給および時間給従業員（暗黙の契約）
未使用資源	未使用キャパシティをもたない	原則的に未使用キャパシティを残す
資源の供給支出	消費資源の量（原価）と強く相関	資源の消費量と無関係に発生

さらに，以上の資源への支出と消費の区分から導かれる理念と供給される資源のタイプの他に，未使用資源ないしキャパシティの連結環としての役割に焦点をあてることからも当面の洞察を得ることができよう。

(3)　未使用資源の連結環

消費される資源の原価は，資源消費モデルとしてのABCによって測定される。これに対して，供給されるあるいは利用可能な資源の原価は，伝統的な財務会計上の期間モデルによって報告される。このことから，クーパーやキャプランはまた，未使用資源ないしキャパシティの測定が，消費される資源の原価と供給されるあるいは利用可能な資源の原価との重要な連結環をなすと考える。彼らは，この関係を次の等式に表す (Cooper and Kaplan, 1992, p. 3, Cooper, 1994, p. B1-9)。

> 利用可能な活動量
> 　　　＝活動の消費量＋未使用キャパシティ
> あるいは，
> 　供給資源の原価
> 　　　＝消費資源の原価＋未使用キャパシティの原価

　これらの等式は，仮に活動の消費量が当期の資源供給から利用できる量を超えるならば，資源の供給を増やすための支出を高める必要がほどなく起こること，逆にもし実際の消費量が利用可能な供給量に満たないようなとき，支出あるいは資源の消費が自動的に減少することはないことを明らかにする。このうち後者のケースのようなとき，マネジメントは，いっそうの生産量や事業の追加拡張を支援するために利用可能なキャパシティを利用（再配備）するかあるいはこれを処分するか，いずれかの行動を意識的にとることになる (Cooper and Kaplan, 1992, pp. 11-12)。

　クーパーやキャプランは，どちらかといえば生産量や事業の追加拡張を理想とみる。そのための資源需要の大部分は，当期に余分な供給状態にあり，組織はかなり高い利益を享受できるようになる。収益が，ほんのわずかな支出増で増加するためである。ここにわずかの支出増とは，必要のつど供給される資源に係わるもので，利用可能なキャパシティにその消費量がタイトに連携している資源（原材料やエネルギー）と余分なキャパシティが存在していない状態の資源（直接作業時間や機械時間）について増加するものからなるのである (Cooper and Kaplan, 1992, p. 11, Cooper, 1994, p. B1-15)。

　以上，ABC の活動の階層モデルと資源消費モデルとしての ABC 理論について考察した。これらの追加的な理論の応用が ABC のもつ戦略的洞察を提供し，ABC による意思決定の効果を強化するのである。

3 ABCにもとづく業務的意思決定

(1) 部品の自製か購入かの決定

A社は，コンピューター関連の部品の生産をおこなっている。現在部品のすべてを自社で作っている。ある外部サプライヤーから101番の部品100,000単位を単位当たり0.6千円で引渡しできるという申し出を受けた。各部品当りの直接作業時間は0.25時間を要す。A社が100,000単位の生産に要する原価データは，表2・3の通りである。

表2・3　原価データ

(単位：千円)

直接材料費	10,000
直接労務費	20,000
変動間接費	8,000[a]
固定間接費	
個別固定費	14,000
共通固定費	30,000[b]
合　計	82,000
単位原価（82,000／100,000）	0.82

a. 直接作業時間当たり0.32千円の変動間接費率を用いて配賦。100,000単位の直接作業時間25,000（100,000×0.25）

b. 直接作業時間当たり1.2千円の固定間接費率を用いて配賦

Hansen and Mowen, 1994, p.564をもとに作成

一般的に，意思決定にあたって，すべての原価が等しく重要とは限らない。意思決定に影響を及ぼす原価（関連原価）と無視しても構わない原価（無関連原価）があるのである。後者の関連原価とならない原価とは埋没原価と代替案の間で差をもたらさない原価を指す。差額原価収益分析との関連でいえば，すべての原価から埋没原価と，更に代替案の間で差をもたらさない原価が除去されて関連原価となる差額原価が計算される。言うまでもなく，この差額原価

(あるいは差額利益)を判断基準に最適な代替案が選択されるのである。

具体的に,表2・3の中で共通固定費は,関連原価ではない。たとえ部品を購入しても継続して生ずるもので,代替案の間で差をもたらさないからである。つまり,無視しても構わないもの(無関連原価)で,表内のリストから除外される。変動間接費は,関連原価である。それが,直接作業時間に応じて変動するからである。また,個別固定費は,101番の部品に直接跡づけ可能で,たとえば当該部品の生産に必要な専用設備の賃借料などをいう。部品を購入する場合には,回避可能なものとなる。こうして,伝統的な部品の自製か購入かの決定分析は,表2・4のごとく表示されることになる。これによるとき,A社は部品を生産し続けるべきである。

表2・4 伝統的な部品の自製か購入かの決定分析

(単位:千円)

	自製案	購入案
直接材料費	10,000	
直接労務費	20,000	
変動間接費	8,000	
個別固定費	14,000	
部品購入原価	－	60,000
合　計	52,000	60,000

Hansen and Mowen, 1994, p.565 をもとに作成

さて,これに対して,ABCでは,間接費(製造間接費)の発生と関係の深い活動が確認されることになる。

まず,変動間接費には,動力とフリンジ・ベネフィットの活動が含まれる。共通固定費には,検査,マテハン,段取,技術支援及び工場減価償却の各活動が含まれると仮定できる(Hansen and Mowen, 1994, p.565)。

つぎに,ABCのフレームワークでは,これらがつぎの4つの活動レベルのカテゴリーの1つに分類されることになる。ユニット・レベル,バッチ・レベル,製品支援レベルおよび工場維持レベルがそれである。伝統的原価計算は,このうちのユニット・レベルに主に焦点を当てるものであった。言い換えれば,ABCは,伝統的原価計算と比べて2つ以上の活動の組み合せ,あるいは

階層を必要とすることになるわけである。これが，前述の ABC 階層モデルとして展開をみるものにほかならない。動力とフリンジ・ベネフィットはユニット・レベルの活動，検査，マテハンおよび段取はバッチ・レベルの活動として分類される。同様に技術支援は製品支援レベル，工場減価償却は工場維持レベルの活動に分類されるのである (Hansen and Mowen, 1994, p. 565)。

ところで，ABC の階層モデルは，コスト・ビヘイビアー（原価態様）にも影響を及ぼす。伝統的原価計算では，ユニット・レベルのカテゴリーの間接費のみが生産量との関連で変動費である（図 2・3 参照）。他の 3 つのカテゴリーのものは，主として固定費とみなされる。しかし，ABC では，生産量との関連で固定費であっても，ユニット・レベルかコスト・ドライバー以外のコスト・ドライバー（非ユニット・コストドライバー）の採用によって変動費となるものがある。バッチ・レベルと製品支援レベルのカテゴリーに属するものが，それである。残る工場維持レベルのカテゴリーはこうしたコスト・ドライバーによって動かされない。つまり，当該活動コストのプールを増減させる何らの原価作用因も確認できないものである。このため，純粋な ABC では，工場維持レベルのカテゴリーの活動原価が製品に割り当てられることはなく，それらは期間費用として処理され，固定費の範囲にとどまるのである。

図 2・3 活動の階層分類とコスト・ビヘイビアー

伝統的原価計算	活動の階層分類	ABC
変動費	ユニット・レベル	変動費
固定費	バッチ・レベル	
	製品支援レベル	
	工場維持レベル	固定費

こうして，4 つの間接費の活動のカテゴリーの内，工場減価償却費を含む工場維持レベルのカテゴリーだけが無関連原価として認められるのである。そこで，残る 3 つの間接費の活動のカテゴリーに対して，表 2・5 のようなコスト・ドライバーとコストドライバー・レートが算定されると仮定しよう。なお，コストドライバー・レートの算定には，各活動の実際的キャパシティ

表2・5 コスト・ドライバーとコストドライバー・レート

(単位：千円)

	コスト・ドライバー	コストドライバー・レート
ユニット・レベル		
動　力　費	機械運転時間	0.3
フリンジ・ベネフィット	直接作業時間	0.1
バッチ・レベル		
マテハン費	移動回数	2
検　査　費	検査時間	1.5
段　取　費	段取時間	1
製品支援レベル		
技術支援費	技術変更指図書枚数	200

Hansen and Mowen, 1994, pp. 565-566 をもとに作成

(practical capacity) が用いられる。

いま，当面の部品の生産が，各コスト・ドライバーの量をつぎのように消費すると仮定しよう (Hansen and Mowen, 1994, p. 566)。

機械運転時間	30,000
直接作業時間	25,000
移動回数	2,000
検査時間	5,000
段取時間	6,000
技術変更指図書枚数	10

さて，この段階でも ABC にもとづく部品の自製か購入かの意思決定分析が可能となる。しかし，ここではより完全な分析をもとめることにする。資源消費モデルとしての ABC 理論を応用するいわば出番となるのである。前述された3つの局面から掘り下げられた資源消費モデルとしての ABC 理論によるとき，何が必要かは，資源消費を削減する能力によってどれだけの資源の支出を減少できるかである。いま，動力とフリンジ・ベネフィット活動は，必要のつど供給される資源をもつとしよう。それ故，これらの2つの活動にとって，資源の支出は，資源消費の原価が削減するほど減少する。

3 ABCにもとづく業務的意思決定　47

(単位：千円)

動　力　費	9,000	(0.3×30,000時間)
フリンジ・ベネフィット	2,500	(0.1×25,000時間)

　残りの4つの活動（マテハン，検査，段取，技術支援）にとっても，これらの活動の資源消費の原価はつぎの額ほど削減される（Hansen and Mowen, 1994, p. 566）。

(単位：千円)

マテハン費	4,000	(2×2,000回)
検　査　費	7,500	(1.5×5,000時間)
段　取　費	6,000	(1×6,000時間)
技術支援費	2,000	(200×10枚)

　しかし，これらの4つの活動は，消費に先立って供給される資源をもつものと仮定される。このために，もし部品を自製するかわりに購入するならば，これらの4つの活動には，未使用キャパシティが創造されよう。もとより，この余剰キャパシティをいかに管理し，どれだけ資源の支出を減少できるかが当面の分析のキーとなる。ここでは，上記の資源消費のコストの削減ほどは資源の支出を減少できないかもしれない。事実，調査の結果，つぎの額の資源の支出を減少できることが明らかとなる（Hansen and Mowen, 1994, p. 566）。

(単位：千円)

マテハン費	3,000	(1人の正規従業員)
検　査　費	7,000	(2人の正規従業員)
段　取　費	6,000	(3人の時間給従業員)
技術支援費	0	

　マテハン費と検査費は，部品を購入するならば，3,000千円と7,000千円ほど節約を生み，この分資源の支出を減少できる。よって，部品を自製すれば，これらは，その発生を避けられず差額原価に含まれる。また，これにより，マテハン費と検査費には，1,000千円と500千円が未使用キャパシティの原価として残る。つまり，購入しても自製しても継続して生じる原価（埋没原価）が発生するのであり，これらは，無関連原価である。段取費について

表2・6 ABCにもとづく部品の
自製か購入かの決定分析
(単位:千円)

	自製案	購入案
直接材料費	10,000	
直接労務費	20,000	
個別固定費	14,000	
動 力 費	9,000	
フリンジ・ベネフィット	2,500	
マテハン費	3,000	
検 査 費	7,000	
段 取 費	6,000	
部品購入原価	—	60,000
合 計	<u>71,500</u>	<u>60,000</u>

Hansen and Mowen, 1994, p. 567 をもとに作成

は,購入すれば,6,000千円が節約,資源の支出を減少することになる。部品を自製すれば,これらの発生は避けられず差額原価に含まれる。技術支援費は,いずれの代替案をとろうとも資源消費の原価2,000千円は,その発生を回避しえなく無関連原価である。

以上の結果,ABCによる部品の自製か購入かの決定分析は,表2・6のように示される。この分析によれば,購入案をあらたに支持することになる。

伝統的原価計算では,共通固定費のすべてが無関連原価として処理される。しかしABCは,実際には部品の生産がこれらの固定費のうちのいくつかを生じさせる原因となったことを明らかにする。いわゆる跡づけ可能原価が増えるのである。また,部品を生産しないことで,マテハン,検査,段取,技術支援などの関連支援部門の活動における資源需要は確実に削減される。これにより,いくつかの余剰が生じ,資源の支出を減少することになる。さしあたり,購入案が採択されることになったが,この判断にとどまらない。ABCは更に以下のような戦略的な検討課題をその分析に取り入れる必要性を喚起するからである。

例えば,なぜ外部の供給業者は自社(A社)で作るよりも安く提供できるのであろうか。外部購入は,受入検査や購入注文という内部活動を生み,これらのコストはどれ程かかるであろうか。また,自製から購入への変更は明らかに戦略上のシフトで,これまで存在しなかった供給業者との新たな依存関係を作ることになる。これは良策なのであろうか。更に供給業者は正確な量と高水準の品質で部品を予定通り納入することができるであろうか。これらの問題は戦略性を色濃くもつものである。それは,伝統的な分析がそうであったような短期的視界にとどまらないであろう。長期的視野から収益性に及ぼす影響を検

討する機会がうんと拡がるのである (Hansen and Mowen, 1994, p. 567)。

(2) 製品ラインの存続か廃止の決定

B社は，薬品と化粧品の2製品系列の製造販売に従事している。伝統的なセグメント別損益計算書では，表2・7のように薬品も化粧品も共にプラスの製品差益を示している。ここからは，いずれかの製品を廃止するといったような問題はあがってこないのである。

セグメント別損益計算書にとって重要な問題は，個別のセグメント（製品系列）にコストを跡づける能力にある。ABCによれば，こうしたコストを跡づける能力を一層高め，セグメント別損益計算書の情報内容を質的に著しく改善，強化することになるのである。

まず，ABC階層モデルにより，その上方指向の思考を考慮に入れる必要がある。前掲の図2・2のように，各レベルの活動の原価プールを製品支援レベルに向けて上方に集積するものである。ここから，この上方指向の思考にもとづいて表2・8に示されるようなセグメント別損益計算書の基本型が導かれることに注意したい。

つぎに，資源消費モデルとしてのABC理論を応用して，表2・7の共通固定費の内容について分析する必要が

表2・7　伝統的なセグメント別損益計算書

(千円)

	薬品	化粧品	合計
売上高	53,500	111,000	164,500
変動費			
直接材料費	(15,000)	(23,000)	(38,000)
直接労務費	(10,500)	(13,500)	(24,000)
保全費	(4,500)	(5,500)	(10,000)
動力費	(1,750)	(2,750)	(4,500)
手数料	(1,500)	(3,000)	(4,500)
貢献利益	20,250	63,250	83,500
個別固定費			
広告費	(5,000)	(4,000)	(9,000)
製品差益	15,250	59,250	74,500
共通固定費			
機械減価償却費			(8,000)
工場減価償却費			(11,000)
段取費			(14,000)
人事部費			(6,500)
一般管理費			(10,000)
マテハン費			(9,000)
販売管理費			(4,000)
税引前利益			12,000

Hansen and Mowen, 1994, p. 567 をもとに作成

表2・8 セグメント別損益計算書の基本型

	製品A	製品B	合計
売上高	××	××	××
ユニット・レベル費用	××	××	××
バッチ・レベル費用	××	××	××
製品支援レベル費用	××	××	××
製品差益	××	××	××
共通費			××
工場維持レベル費用			××
税引前利益	××	××	××

ある。機械減価償却費は，消費に先立って供給される資源に関係する。ただし，ここではユニット・レベルの原価として機械運転時間数を用いて各製品に跡づけられている。段取費とマテハン費の2つのバッチ・レベルの原価は，バッチ・レベルのコスト・ドライバー（段取回数と移動回数）を用いて製品に跡づけられる。この内，段取費については，調査の結果，消費に先立って供給される資源だけでなく，必要のつど供給される資源の双方に関係することが分かった。人事部費と販売管理費の製品支援レベルの原価はすべて，消費に先立って供給される資源の原価である。それぞれ従業員数と販売注文数を用いて跡づけられる。残る工場減価償却費と一般管理費は，工場維持レベルの原価で各製品系列に跡づける必要はないものである (Hansen and Mowen, 1994, p. 572)。

　なお，広告費は，各製品へ配賦するためにコスト・ドライバーを用いる必要はない。広告費は直接製品に跡づけることができ，伝統的な意味での個別固定費である (Hansen and Mowen, 1994, pp. 572-573)。

　表2・9は，以上のABCの階層モデルと資源消費モデルとしてのABC理論を応用して作成されたセグメント別損益計算書である。ここで，ハンセン＝モウエン (1994) は，必要のつど供給される資源がコスト・ドライバーとともに変動することから，この資源の原価を非ユニット変動費 (nonunit variable expense) として分類する (p. 572)。表2・9からは，段取費のみがこの資源の原価をもつのであることがわかる。また，ハンセン＝モウエンは，消費に先立っ

表2・9 ABC を応用したセグメント別報告書

(単位：千円)

	薬　品	化粧品	合　計
売上高	53,500	111,000	164,500
ユニット・レベル費用：			
直接材料費	(15,000)	(23,000)	(38,000)
直接労務費	(10,500)	(13,500)	(24,000)
保全費	(4,500)	(5,500)	(10,000)
動力費	(1,750)	(2,750)	(4,500)
手数料	(1,500)	(3,000)	(4,500)
貢献利益	20,250	63,250	83,500
跡づけ可能費：			
機械減価償却費	(4,000)	(4,000)	(8,000)
段取費			
非ユニット変動費	(1,300)	(700)	(2,000)
活動固定費	(6,200)	(3,800)	(10,000)
マテハン費			
活動固定費	(5,500)	(2,500)	(8,000)
人事部費			
活動固定費	(2,500)	(3,000)	(5,500)
販売管理費			
活動固定費	(2,500)	(1,500)	(4,000)
広告費	(5,000)	(4,000)	(9,000)
製品差益	(6,750)	43,750	37,000
共通費：			
未使用活動費；			
段取費			(2,000)
マテハン費			(1,000)
人事部費			(1,000)
工場維持レベル費用；			
工場減価償却費			(11,000)
一般管理費			(10,000)
税引前利益			12,000

Hansen and Mowen, 1994, p. 573 をもとに作成

て供給される資源の原価は固定費であり，つぎの2つのカテゴリーに分割する (pp. 572-573)。1つは，活動固定費 (activity fixed expense) とよばれるもので，固定資源消費の原価を表わすものをいう。何の未使用キャパシティの原価も存

在しない状態が仮定される。表2・9では，段取費，マテハン費，人事部費，および販売管理費にかかわる。もう1つは，未使用キャパシティの原価が存在する，未使用活動費（unused activity expense）とよばれるもので，各セグメントに共通するものとして扱われる。これらは，表2・9では，段取，マテハンおよび人事部活動に存在する。

さて，ABCによるセグメント別損益計算書では，伝統的分析と比べて長期的収益性への著しく異なる検討機会を提供し，かつ視界がうんと広がる。最初に，使用されていない資源に支出をおこなっていることがわかる。表2・9には合計4,000千円の未使用キャパシティ（原価）が生じている。2番目に，薬品が不採算製品ラインで，会社の資源を著しく消耗する原因になっている。こうして，ハンセン＝モウエンは，ABCによるセグメント別損益計算書が利益を増加するための方法を明らかにするという。1つは現在の未使用キャパシティを利用することによって資源の支出を減少する方法である。また，2つは，不採算製品を廃止する可能性について検討をおこなうことである。そして，3つ目の方法は，以上の2つの方法を組み合わせるものである (p. 574)。

① 未使用キャパシティの利用

利益を増加するために余剰キャパシティを利用することは，関連資源の性質に大きく依存する。それは，当該資源がフラクショナル単位（fractional units），つまり分数単位よりランプ・サム（lump sum），つまり整数単位で供給（投入）されねばならないときに，より厄介となる。例えば，人事部ではスタッフ1人が65人の従業員のサービスを担当できると仮定する。現在110人の従業員が仕事についている。つまり，人事部からのサービスの提供を受けるわけであり，これは，約1.7人分（110／65）に等しいキャパシティを意味する。しかし，現実に1.7人という資源の投入はありえない。これが，資源がフラクシュナル単位ではなく，ランプ・サムで供給されなければならないときである。すなわち，ここでは，2人となり，これによるキャパシティは単純に130人分となる。結果，20人分（130－110）の未使用キャパシティが残る。計算例では，人事部費は，人事部主任（3,500千円）と人事係員（3,000千円）の2人の年

間給料からなると仮定している。人事部の活動レートは50千円（6,500/130）で，未使用キャパシティの原価は1,000千円（20×50）となるわけである（p.574）。

こうした未使用キャパシティの原価を攻略する実践的方法があるとしたら何であろうか。考えられる方法は，人事係員を一時解雇し，パート・タイム従業員を雇うことかもしれない。その成否は，ポジションに必要とされるスキルやパート・タイム従業員のスキルにかかっている。こうした解雇自体，わが国ではそれ程事例がないといわれる。一方，米国では珍しいことではない。未使用（余剰）キャパシティの利用（開発）は，少なくとも短期的には困難を伴うのが事実である。ともあれ，ABCが，長期的収益性の観点からこうした方法を提案する機会を拡大するというメッセージは大いに強調されるべきであろう。同様な分析が，未使用キャパシティをもつ他の活動にも必要となるのである（p.574）。

残る2つの代替的方法は，不採算製品ラインを廃止する可能性を考察することに関係する。

② 不採算ラインを廃止する可能性

伝統的分析では，不採算製品ラインを廃止する選択がとられる。しかしABCでは，その選択の前に，不採算ラインを廃止することの可能性について十分な検討を加えることになる。管理者は，どれだけ資源の支出が変化するかをしろうとする。

まず，表2・9でのすべてのユニット・レベルの費用（33,250千円），非ユニット変動費（段取費の必要のつど供給される資源に関係する原価（1,300千円））および個別固定費（広告費（5,000千円））に着目する。これらは，薬品を廃止すれば生じることはない，存続すれば生じる関連原価である。ただし，機械減価償却費は，たとえユニット化されるものであっても，廃止する決定には関連しない。減価償却費は，本来埋没原価である。

次に，未使用キャパシティをどれだけ廃止でき，資源の支出を減少できるかがキーとなる。ここでは，部品の自製か購入かの決定分析と同様のアプローチがとられる。例えば，薬品を廃止すると，人事部活動に跡づけられる固定資源

消費の原価,活動固定費の2,500千円は生じない。しかし,当該資源は,消費に先立って供給される資源であるために,薬品を廃止することは,人事部活動の未使用キャパシティの原価を1,000千円から3,500千円に増やすのである。ここで,人事係員の給料は3,000千円であった。仮に前述のようにこの係員が一時解雇されるなら,人事部活動に対する資源支出は,この額だけ減少することになる。結果,未使用キャパシティの原価500千円（3,500－3,000）が（共通費として）残ることになる。いいかえれば,余剰分のうち正味3,000千円がとらえられるのである。節約が,人事部コストのランプ・サムの性質により薬品に跡づけられる人事部原価（2,500千円）より500千円多いのである (p. 574)。

　もちろん,ある活動固定費は,薬品を廃止しても,消滅しないことがある。仮に販売管理活動原価（4,000千円）が販売管理者の給料に一致するとしよう。当該資源が整数単位で供給されているために,薬品を廃止しても当面の販売管理活動に対する資源の支出は何ら減少しないのである。その分,その発生を回避できない,販売管理活動の未使用キャパシティの原価が増えるのである (p. 574)。

　最後に,残る活動固定費,段取活動とマテハン活動のための資源支出についても,人事部活動と同様の分析が必要となる。ここでは便宜上,これらの活動に跡づけられる額（固定資源消費の原価）ほど正確に資源の支出を減少できるものと仮定する (p. 574)。

　以上をすべてとりいれた分析の結果は,表2・10のように与えられる。分析に示されるように,薬品を廃止することは,B社全体の収益性を750千円ほど増大させることになる。

　ハンセン＝モウエンは,にもかかわらず,薬品が廃止されるべきであろうか,他の方法が,特に戦略的要素が考慮されるときなどに存在するかもしれないと問いかける。たとえば,JITシステムを採用することは,双方の製品ラインの収益性を増加し,薬品を存続することは正しい決定ということになるかもしれない,と (pp. 574-575)。ここで,前掲の表2・9のABCによるセグメン

表2・10　存続か廃止かの分析

(単位：千円)

	存続案	廃止案
貢献利益	20,250	0
段取費		
非ユニット変動費	(1,300)	0
活動固定費	(6,200)	0
マテハン費		
活動固定費	(5,500)	0
人事部費		
活動固定費	(2,500)	0
未使用活動費	(1,000)	(500)
広告費	(5,000)	0
合　計	(1,250)	(500)

Hansen and Mowen, 1994, p.575 をもとに作成

ト別損益計算書が，JITシステムの導入後，表2・11に示されるように予測されると仮定しよう。段取費やマテハン費というバッチ・レベルの活動は，除かれることがわかる。保全費もセル従業員自らの保全の実施訓練によって直接労務費に転嫁される。こうしたセル従業員のエキストラな職務が直接労務費総額増加の原因となる。そして，個別固定費に分類されていく。この結果，変動費の数と量は減少し，セルに割り当てられる個別固定費の数と量は増加する。例では，機械減価償却費も含まれる。残る人事部費と販売管理費は，セルに直接関連づけられない原価で，ABCによって跡づけられるのである（p.575）。

表2・11に示されるように，2つの製品はより高い業績を上げる。こうした状況のもとでは，さらにCVP分析の応用や管理のツールとして変動原価計算のフォームの採用が有効に機能することになろう。

表 2・11　JIT 導入後のセグメント別損益計算書

(単位：千円)

	薬　品	化粧品	合　計
売上高	53,500	111,000	164,500
ユニット・レベル費用			
変動費：			
直接材料費	(15,000)	(23,000)	(38,000)
動力費	(1,750)	(2,750)	(4,500)
手数料	(1,500)	(3,000)	(4,500)
貢献利益	35,250	82,250	117,500
跡づけ可能費			
活動固定費：			
人事部費	(2,500)	(3,000)	(5,500)
販売管理費	(2,500)	(1,500)	(4,000)
個別固定費：			
広告費	(5,000)	(4,000)	(9,000)
直接労務費	(14,500)	(18,500)	(33,000)
機械減価償却費	(3,500)	(4,500)	(8,000)
製品差益	7,250	50,750	58,000
共通費			
未使用活動費：			
人事部費			(1,000)
工場維持レベル費用：			
工場減価償却費			(11,000)
一般管理費			(10,000)
税引前利益			36,000

Hansen and Mowen, 1994, p. 576 をもとに作成

問　題

問題1

　本章の46頁に「この段階でもABCにもとづく部品の自製か購入かの意思決定分析が可能となる。」，という記述がある。

設問1　ここでは，どのような部品の自製か購入かの分析が導かれるかを示しなさい。

設問2　この分析結果について適切な意見を述べなさい。

問題2

　以下の（1）と（2）は，資源消費モデルとしてのABC理論に関する記述である。

（1）　資源消費モデルは，資源の支出あるいは供給と消費とを明確に区別する。例えば，ある会社に，3人の設計者がいるとしよう。いま各設計者は，年間5,000千円の給料で250枚の技術変更指図書を処理できる。会社は（　ア　）千円の原価で年間（　イ　）枚の変更命令を処理するキャパシティを投入しているのである。ここで，（　ア　）千円が資源の支出に相当する。（　イ　）枚の変更指図書は実行可能な実際的キャパシティである。その単位原価は，（　ウ　）千円となる。仮に，会社全体で実際に処理された変更指図書が年間600枚であったとする。これが資源の消費（量）で，（　エ　）千円が消費（された活動）の原価となるのである。ここでは，未使用キャパシティの原価，（　オ　）千円が生じる。いまこの未使用キャパシティを処分ないし再配備することで，資源消費のレベル（　エ　）千円に支出（費用）を減少できる。

　以上，未使用キャパシティの測定が連結環となって，つぎの一連の公式に表わすことができる。

供給資源の原価（（　ア　）千円）＝消費資源の原価（（　エ　）千円）

58　第2章　ABCと意思決定

　　　　　　　　　　＋未使用キャパシティの原価（（　オ　）千円）
供給資源の原価（（　エ　）千円）＝消費資源の原価（（　エ　）千円）

設問1　以上の（ア）〜（オ）に当てはまる数値を下記の数値群から選びなさい。

　　・数値群：① 5,000　　② 3,000　　③ 4,000　　④ 15,000
　　　　　　　⑤ 60　　　⑥ 9,000　　⑦ 20　　　⑧ 750　　⑨ 12,000

　(2)　資源消費モデルは，（　ア　）される資源に2つのタイプがあることに着目する。必要のつど供給される資源と消費に先立って供給される資源とである。前者は，資源が必要（消費）とされるつど供給されるものである。この結果，（　ア　）される資源の量は（　イ　）される資源の量に強く相関する。したがって，この資源のタイプには（　ウ　）は生じない。これに対して，後者のタイプは，資源の実際の（　エ　）が（　オ　）する前に既に供給（投入）されているものである。このために，ここでは（　ア　）される資源の量が（　イ　）のための（　エ　）を超えることがある。この資源のタイプには（　ウ　）が生じるのが普通となる。本質的に，（　ア　）される資源の量は（　イ　）される資源の量とは無関係なのである。

設問2　以上の（ア）〜（オ）に当てはまる用語を下記の用語群から選びなさい。

　　　用語群：①需要　②供給　③消費　④未使用キャパシティ
　　　　　　　⑤支出　⑥実現　⑦活動

問題3

　以下の単位原価データは，3つの異なる原価計算システム，伝統的原価計算，ABCおよびJITの各システムによってもとめられたものである。伝統的原価計算システムは，ユニット基準のコスト・ドライバーを用いて製造間接費を配賦する。

ABC システムは，ユニット基準と非ユニット基準のコスト・ドライバーを用いて製造間接費を配賦する。JIT システムは，原価を跡づけるために工場重点アプローチ (focused approach) を用い，製造セルに直接関係しない原価は ABC を用いて配賦する。会社は，毎年この単位原価をもつ製品を 1,000 単位生産する。

(単位：千円)

3つの原価計算システム

	伝統的	ABC	JIT
直接材料費	10	10	10
直接労務費	2	2	3[a]
ユニット基準変動間接費	4	4	1
非ユニット基準変動間接費	–	2	1
活動固定間接費[b]	–	3	0.8
個別固定費	1	1	1
共通固定間接費	6	1	1
計	23	23	17.8

a. セルの労務費は，保守，マテハンおよび梱包をふくむ。
b. 活動固定費のすべては回避可能で，未使用キャパシティの原価は存在しないものとする。

設問1　製品は組立部品である。いま仮に自製する代わりに外部のサプライヤーから当該部品を購入するとすれば，支払うべき最高額（価格）を各原価計算システムについてもとめなさい。

設問2　製品は単位当たり 20 千円で販売されると仮定しよう。各原価計算システムごとに，1,000 単位の販売を仮定して貢献利益と製品差益を示す損益計算書を作成し，各システムに報告される製品業績についてコメントしなさい。

設問3　製品が単位当たり 20 千円で販売されるもとで，跡づけ可能費を回収するために必要な販売単位を算定しなさい。

(Hansen and Mowen, 1994, p. 578 にもとづく)

第3章

ABM

　キャプランやクーパーによって開発されたABCは，正確な製品原価の計算を可能にし，製品戦略に関連する意思決定に有用な方法として米国の製造業を中心に注目され，大いに期待をいだかせた。興味あることには，こうした正確な製品原価の計算を目的とするABCの開発の過程においてABCが間接費を発生させる原因である活動の管理に役立つという新たな知見が得られた点である。前章でみたABC階層モデルの行動との関連考察は，まさにそれで，ABCを単なる正確な製品原価計算を目的とする領域にとどまらず，間接費を管理するために活動の管理を改善する世界に拡張することになった。ABM（活動基準管理，Activity-Based Management，以下ABMと略称する）とよばれるものがこれである。

　ABMにあっては，原価は，コントロールされるものではないという思考が支配する。むしろ，原価を発生させる原因である活動を管理することに焦点があたる。ABMアプローチが共通にもつ基本原則は，原価それ自体というよりむしろ種々の活動からなるプロセスを管理することなのである。こうした新しい思考が，米国においてABMを推進してきたCAM-I（Consortium for Advanced Manufactures-International）により展開された2次元ABCとよばれる新たなABCモデルの基礎をなすのである。

　以下，本章では，ABMがこの新たなABCモデルのプロセス視点に立脚すること，そしてここからプロセス視点がとりあつかう問題の核心より，ABMの目的観とこの目的を達成するための方法ないし手段について考察する。3つの分析手法をかかげたのちに，これらを注意喚起情報とする原価低減の行動アプローチを検討し，これを通してABMの構図を図示する。そして，具体的に

ABMの実施のモデルをみていくことになる。

1 CAM-Ⅰクロスとプロセス視点

　CAM-Ⅰに展開された新しいABCモデル全体の最小限の理解からはじめよう。図3・1のように，2次元ABCが示される。1番目の次元が原価集計視点であり，これまでのABCが立脚する視点である (Raffish and Turney, 1991, p. 54)。原価集計視点は，組織が価格決定や製品組合せを決定するために資源の原価を活動に，活動の原価を製品や顧客等の原価計算対象に集計しなければならない必要を反映している。間接費配賦を中心に正確な製品原価計算を目的として設計されたこれまでのABCが立脚する視点が，これである。ここには，原価対象が活動に対する需要をうみ，活動が資源に対する需要をうみだすという基礎的仮定がある。後者は，組織の支援資源や間接資源が活動を遂行するために必要な能力を備えるという仮定に立っている。よって，活動は，こうした資源を消費し原価を発生させることになるのである (Raffish and Turney, 1991, p. 54)。

　2番目の次元が，ABMが立脚するところのプロセス視点である (Raffish and Turney, 1991, pp. 54)。このことはまた，第1章の図1・4のABCに示される古いバージョンに対する1つの改善という理由で2世代ABCとも称されるのである。2次元ABCのコアは依然，資源は活動によって消費され，活動は原価対象によって消費されるというものである。これは，原価集計視点と同じである。何が新しくなったものかといえば，2次元ABCは，活動をその中心に置く明確なプロセス視点を含むことである。併せて，これらの2つの視点は，クロスを形成することから，しばしばCAM-Ⅰクロスと呼ばれる。2次元ABCがこれ以降のABCの理論的，また実務での開発段階で及ぼす影響は潜在的に大きいものがある。以下，CAM-Ⅰクロスという呼び方を用いる。

　さて，CAM-Ⅰクロスは，ABMがプロセスの視点に立脚するものであることを示す。ここにプロセスとは，特定の製造や販売を目的とする業務を遂行す

図 3・1　2 次元 ABC モデル

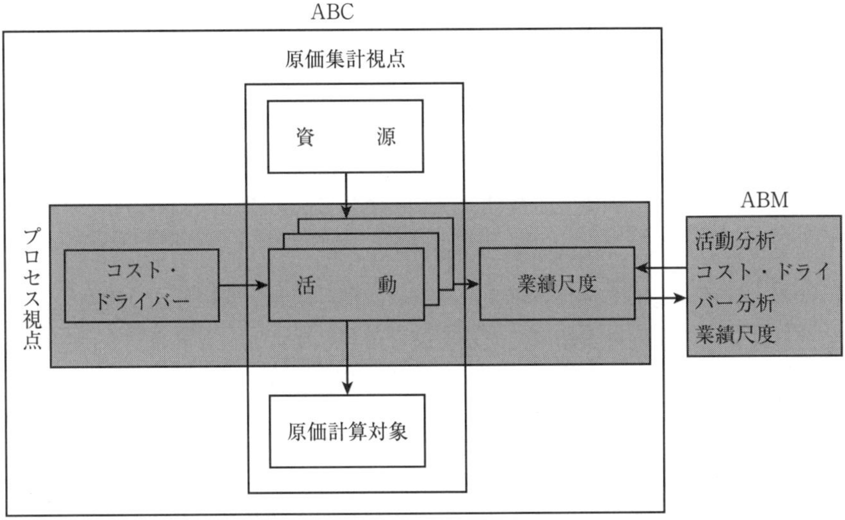

```
                           ABC
┌─────────────────────────────────────────────┐
│         ┌─原価集計視点──────────┐              │
│         │      ┌──────┐        │             ABM
│         │      │資  源│        │        ┌─────────┐
│         │      └──┬───┘        │        │活動分析  │
│ プ      │         ▼            │        │コスト・ │
│ ロ  ┌──────┐  ┌──────┐ ┌──────┐│◄──────►│ドライ   │
│ セ  │コスト│  │活 動 │ │業績尺度││        │バー分析 │
│ ス  │ドライ│─►│      │►│      ││        │業績尺度  │
│ 視  │バー  │  │      │ │      ││        └─────────┘
│ 点  └──────┘  └──┬───┘ └──────┘│
│         │         ▼            │
│         │    ┌────────┐        │
│         │    │原価計算│        │
│         │    │対象    │        │
│         │    └────────┘        │
│         └──────────────────────┘
└─────────────────────────────────────────────┘
```

Raffish and Turney, 1991, p. 54 を一部修正

るために実施される活動の連鎖ないし集合をいう。各活動は，他の活動の顧客であり，次に自らの顧客をもつ。こうして，すべての活動は，最終的に企業外部の顧客に価値を提供すべく連鎖し合うと考えられる（Raffish and Turney, 1991, p. 61, Turney, 1992b, p. 57）。

　CAM-I クロスはまた，プロセス視点がつぎの2つの問題をとりあつかうことを示す。1つは，何が活動における作業を生じさせているのか，その原因についての情報，また活動における作業を実行するためにどれだけの努力を費やさねばならないかを告げるものである。これが，コスト・ドライバーによって測定されるのである。ここに，図 3・1 に示されるように，プロセス視点にコスト・ドライバーのカテゴリーが考慮されるのである。これまでの ABC で用いられるコスト・ドライバーの中核である活動ドライバーは，何が生じたかの結果を示すものであった。これに対して，ここでのコスト・ドライバーは，何がそれを生じさせるものかその原因を明らかにするものである。たとえば，同じ作業者が製品 A の組み立てに10分，製品 B の組み立てに15分を費やし

たとしよう。活動ドライバーは，組み立てに費やした時間である。しかし，なぜ製品 A は 10 分を，製品 B は 15 分をとらねばならないのかを考えよう。1つの理由は，製品 B は製品 A よりより複雑であったかもしれない。この場合，製品の複雑性がコスト・ドライバーである。活動ドライバーは製品原価計算にとって絶対必要であり，かつ容易に測定可能なものである。これにたいして，コスト・ドライバーの測定可能性はかならずしも高くなく，洞察に富むものをもふくむといえよう (Turney, 1992b, pp. 57-58)。

なお，コスト・ドライバーはまた，当該活動に固有な要因ばかりでなく，価値連鎖における事前の業績に関する要因も含む。コスト・ドライバーは，何故連鎖の1つの活動が遂行されるのかを告げる。ここで，活動は，その連鎖における事前の事象に反応して遂行される (Raffish and Turney, 1991, pp. 58-59, Turney, 1992b, pp. 57-58)。

もう1つは，作業がいかにうまく実行されたかにかかわるものである。これは，業績尺度で測定されるものであり，図3・1に示されるように，プロセス視点はこの業績尺度のカテゴリーを加えるのである。業績尺度は，活動，プロセスあるいは組織単位においてなされる作業と達成される諸結果を記述し，説明する指標である。それはまた，活動がいかにうまく遂行されているか，またいかにうまく内部あるいは外部の顧客のニーズを満たすものであるかをコミュニケートする。そのために，業績尺度は，活動の業績の重要な局面に注意を喚起することになる (Raffish and Turney, 1991, pp. 57-58, Turney, 1992b, p. 58)。

以上，CAM-I クロスにおける ABM が立脚するプロセス視点と，このプロセス視点がとりあつかう問題を通してプロセス視点が活動のカテゴリーを中心に2つの情報カテゴリー，コスト・ドライバーと業績尺度からなることを理解した。ここから，ABM の目的あるいは目的観およびこの目的を達成するための具体的な方法あるいは手段が拡がり，展開するのである。

2 ABMの目的観とその分析技法

　改めてCAM-1によるABMの定義をとりあげることにしよう。顧客によって受け取られる価値とこの価値を提供することによって達成される企業の利益を改善するためのツールとして活動の管理に焦点をあてる分析技法(discipline)である。この分析技法は，活動分析，コスト・ドライバー分析および業績尺度を含む。ABMは，その重要な情報源としてABCを利用するのである (Raffish and Turney, 1991, pp. 57-58)。

　この定義の前段は，ABMの目的（目的観）について言及している。それは，顧客への価値を提供することによって達成される利益を増加することであり，正確な製品原価を獲得するためではない。顧客への価値は顧客が受け取るもの，すなわち実現と，顧客が放棄するもの，すなわち犠牲との差額である。前者は，製品の特徴，品質，サービスなどを含み，後者は，製品への支払額に当該製品の獲得とその利用方法の学習に費やされる時間をくわえたものをいう。顧客にとって価値を高めることは，企業の使命や戦略的ポジションを強化することに通じるのであって，正確な製品原価にもとづく価格決定や製品の組み合せ決定などの製品戦略を考慮するものではないというごとくである。つまるところ，ABMの全体的な目的（目的観）は，企業の収益性(profitability)の改善にもとめられよう (Raffish and Turney, 1991, pp. 57-58)。

　定義の後段は，こうした目的を達成するための具体的な方法あるいは手段性について言及するものである。活動分析，コスト・ドライバー分析および業績尺度という一連の分析技法がこれで，前述される活動のカテゴリーを中心とするコスト・ドライバーと業績尺度からなるプロセス視点がとりあつかう問題を起点にするものである。以上のABMの全体的な目的達成のツールとなるのである。そしてまた，重要なポイントは，こうしたABMのツールがABCを情報源として機能することである。ABMはその重要な情報源としてABCを利用するという定義が，これである。

以下，これらの3つの分析技法について，CAM-1に引き付けてCAM-1の創設にかかわったP. B. ターニー（1992a）の見解を中心にみておこう。

(1) 活動分析

ここに，活動分析は改善の機会を確認するために必要なもので，組織における活動の分析とその記述をおこなうものである。CAM-Iによれば，それは，ある部門でなされる活動の決定にはじまり，その活動を遂行する方法，そのために費やされる時間，そのために必要とされる資源の量，その実施業績を最良に反映する業務データ及び組織に対する価値について決定するものであると説明される（Raffish and Turney, 1991, pp. 57）。ターニーは，そのためにつぎのような指針を掲げている。

①不可欠でない活動を確認すること：価値を持つ活動は，活動が顧客にとって不可欠かあるいは組織の機能にとって本質であるときである。こうした活動以外は非付加価値であり，除去の対象に値する。②重要な活動を分析すること：顧客や事業の組織運営にとって本質的なものに焦点を当てる。③自らの活動を最も優れた活動（の方法）（ベスト・プラクティス）と比較すること：活動は，競争会社や組織の別の事業単位での類似な活動と比較する必要がある。④活動間の連鎖を検証すること：種々の活動は，共通の目標を達成するために一連の連鎖で作業をおこなう（pp. 22-23）。

補足するならば，不可欠でない活動を確認することは，付加価値を生まない活動を除去するかあるいは最少にすることである。したがって，ここでは活動を付加価値を生むものと生まないものとに分類し，分析する方法として重要なツールとなる。また重要な活動の分析は，改善の大きな機会を備えた活動であることを強調する。さらに，活動を最良の活動と比較することは，ある活動が付加価値を生むという理由だけでその活動が能率的とかあるいはその仕事が良質であるとは言えないことをさす。例えば，ある活動を競争他社のそれと比較することが改善の領域を決定するのに役立つのである。最後に活動間の連鎖を検討することは，そこでの作業の時間を最小にしたり，重複しないように構築

することを要求することになる (pp. 22-23)。

(2) コスト・ドライバー分析

不可欠でない活動を確認するのが改善の第1ステップである。2番目のステップは，かかる活動を引き起こす原因であるコスト・ドライバーを追求することである。不可欠でない活動が存在するという意味での，いわば改善の機会を確認するだけでムダが自動的に排除されるものではない。このムダを引き起こす原因，すなわちコスト・ドライバーを追求することによってはじめて，ムダが排除できるのである。

コスト・ドライバー分析の主要な効果には，2つのパターンが考えられる(吉川他，1994，146-147頁)。1つは，コスト・ドライバーを通して間接費を管理するパターンである。管理者は，ある間接費の将来の発生を削減するためにコスト・ドライバーの量を減少したり，修正を加える諸方法を追求するようになる。2つは，ABCが新製品などの設計担当者に彼らが設計上の代替案を提案するつど間接部門の原価情報を提供できるパターンである。コスト・ドライバーは結局，原価の発生原因となる活動ないし活動における作業を数量的に表わす尺度となる。このことから，設計担当者がこれらの原価情報を事前に知ることは，市場のニーズを充たすだけではなく，原価に見合った製品の設計を心がけるよう促すことになるのである。

(3) 業 績 尺 度

活動分析とコスト・ドライバー分析は，一定の期間に限定しておこなわれる。これに対して，活動の遂行，つまり継続的改善努力は日常的におこなわれる (p. 23)。この特徴から，業績尺度は，日常の努力が組織にとって重要な問題にうまく焦点をあてているかについて確かめるステップにかかわる。そのためには，継続的改善を強化する業績測定システムを開発する必要があり，つぎの3つの要素からなる。顧客のニーズをみたすために重要と考えられる主要な目的に焦点をあてたミッション・ステートメントを作成して，つぎに目標のコ

ミュニケートつまり目標を組織成員に伝達し，最後に各活動の業績尺度を開発することである (p. 23)。

　要約しておこう。活動分析は，不可欠でない活動をマネジメントに認識させる。前述されたように ABM の目的観は，顧客への価値を提供することに密接にかかわる。この点に着目するとき，実施されている活動に対して付加価値を生むもの（顧客価値を生み出すもの）と付加価値を生まないもの（顧客価値を生み出さないもの）とに分析し，マネジメントに改善の機会を認識させることが重要となる。コスト・ドライバー分析は，これらの活動を引き起こす原因を分析，その主要な効果は，マネジメントをして間接費削減のためにコスト・ドライバーの量を減少する方法を明らかにし，また製品設計上の改善を動機づけるパターンである。業績尺度は，各活動がミッション全体にどう貢献しているかを示すものでなければならない。このもとで，マネジメントに活動の実施に関する業績データを提供し，重要な局面に注意を集中させ，彼らの改善努力を促すのである。

　なお，以上から洞察されることがらは，活動分析，コスト・ドライバー分析および業績尺度の分析技法が，それ自体決して問題の解決策を具体的に提示するものではないことである。それは，問題は何で，どこでかれらの行動が企業のボトムラインに大きな影響を及ぼすかをマネジメントにハイライトする注意喚起情報が，活動分析，コスト・ドライバー分析および業績尺度をソースに発信されるのであり，これらの注意喚起情報にもとづいて具体的な原価低減が誘導されることである。ちなみに，クーパー (1994) が，活動の階層モデル，資源消費モデルとしての ABC 理論に注意喚起デバイス (attention focusing device) としての ABC 理論の利用を加えたのは，こうした背景を考慮したものであった (p. B1-8)。注意喚起デバイスとしての ABC 理論の利用は，ABM（の方法論）を大きく特徴づけるものといえよう。それでは，ABM にあって，ABM 特有ともいえる原価低減の行動は，どのようなものをいうのであろうか。節を改めて検討しよう。

3　原価低減の行動アプローチと ABM の構図

　文献上，クーパー＝キャプラン（1991b）やクーパー（1994）は，2つのラウンド（round）をとる，あるいは2つの補完的集合からなる原価低減の行動アプローチを主張する。その1番目の行動で，マネジメントは，資源の消費を減少するために次の2つのタイプの行動をとることになる。活動が遂行される時間数（回数）を減少することと，遂行される活動の能率を増加することである。つぎに，2番目の行動で，マネジメントは，解放される資源ないし未使用のキャパシティを処分するか，あるいは再配備すべきことになる（p. 135 および p. B1 −15）。

　同様にターニー（1992a）は，原価低減行動の最良な方法は，活動が消費ないし遂行される方法を変更し，改善することによって解放される資源を再配備することであると，次の5つの指針を提示する（p. 24）。

① 時間と努力を減少すること
② 不可欠でない活動を除去すること
③ 低いコストの活動を選択すること
④ 可能な限り活動を共用すること
⑤ 未使用資源を再配備すること

　以上のごとくクーパーとキャプラン，またターニーに主張される原価低減の行動は，活動分析，コスト・ドライバー分析および業績尺度（分析）からなる注意喚起情報を受け取ったのちに，マネジメントによっておこなわれる ABM 特有のものである。もっと正確に言えば，注意喚起デバイスとしての ABC の利用を前提とするもとでの原価低減のアプローチであるということができよう。

　さて，表3・1は，以上のクーパー＝キャプラン（1991b）やクーパー（1994）と，ターニー（1992a）の主張する ABM による原価低減の行動アプローチを比較したものである。表3・1からは，ともに同じ内容からなるものであることがわかる。

クーパーやキャプランの1番目の行動は，ターニーの①，②，③および④の4つの指針を包括するものである。以下，この点を確認しつつ，説明を続けよう。

表3・1　クーパーやキャプランとターニーの原価低減行動の比較

クーパー＝キャプラン (1991b), クーパー (1994)		ターニー (1992a)
1番目の行動	活動の能率を増加する	①時間と努力を減少すること
	活動が遂行される時間数（回数）を減少する	②不可欠でない活動を取り除くこと ③低いコスト活動を選択すること ④できる限り活動を共用すること
2番目の行動	未使用資源を処分する，あるいは再配備する	⑤未使用資源を再配備すること

クーパーやキャプランの1番目の行動のうち，遂行される活動の能率を増加するタイプは，ターニーの①の指針（時間と努力を減少すること）に一致する。共通点は，同じ活動の量をより少ない資源で遂行することが可能となる点にある。ある活動をおこなうために必要とされる時間と努力を削減することは，継続的改善プログラムの主要なエレメントである。TQCやサイクルタイムの減少（JIT）といった継続的改善のプログラムは，製品の検査，機械の切り替えあるいは段取替え，また部品や資材の移動と保管をおこなうために必要な資源の減少を生じる。したがって，これらの改善プログラムがうまく実施されることは，バッチや製品支援の活動を遂行するための資源の需要に大きな削減を生むのである。

同様に，もう1つの活動が遂行される時間数を減少するタイプは，ターニーの②の指針（不可欠でない活動の除去），③の指針（低コスト活動の選択）および④の指針（活動の共用）を包括する。いずれも，主に支援資源によって遂行される活動の量を削減する点に焦点をあてる。それは，先のクーパーやキャプランの活動の能率を増加する行動のタイプとターニーの①の指針が活動の量を所与とすることと対照的である。これには，幾つかの行動が示される。エンジニアが製品の設計に改善を加えることによって，技術変更指図書は必要なく

なる。エンジニアリング担当管理者が彼らの部下が現行の製品設計を過度にいじくりまわすことを思い止まらせるときも，関連する活動が減少される。また，設計担当エンジニアは大量の部品の調達や保管維持に必要な資源の保有を知らされるとき，少量でかつ共通部品を用いる製品設計を開発することができよう。これらの行動はすべて，個々にあるいは結合して生産されるユニット数を維持しながらも，支援資源によって遂行される活動の需要量を削減させるものである。

　一方，クーパーやキャプランの2番目の行動は，ターニーの最後の指針の⑤（未使用資源を再配備すること）に一致する。このラウンドは，1番目の行動を通して組織内に創造される未使用資源ないしキャパシティを処分するかあるいは再配備するかの決定をおこなうものである。通常，これが，リストラクチャリング／リエンジニアリングにつながるものである。

　以下では，注意喚起情報あるいはシグナルを受け取ったのちにおこなわれる原価低減の行動に対して，クーパーやキャプランの主張に従って2つの行動からなるアプローチをもって理解することにしよう。要約すれば，1番目の行動の，活動の能率を増加するタイプは，製造現場での継続的改善活動のエレメントである。またもう1つの活動に必要な時間数を減少するタイプは，先端製造技術を基盤とするエンジニアリング，開発設計の活動を通じておこなわれる改善努力であることがわかる。2番目の行動は，こうした改善努力によって組織内に創造される未使用資源ないしキャパシティを処分するかあるいは再配備するかの決定をおこなうことになる。

　このようなもとで，1番目の行動は，今日では，以上のターニーの①から④までの指針にならう形で活動を削減，除去，選択そして共用する方法をサーチする4つの行動からなるものとして定着してきている。以下，ターニー（1991）による定義をしめしておくことにする。

　活動の削減は，継続的改善の主要なエレメントの1つである。これは，活動を実行するために要した経過時間や努力が削減されねばならないことを意味する（p. 31）。

72　第3章　ABM

　活動の除去は，生産プロセスや製品における変化がいくつかの活動を遂行する必要性を除去できるという事実にもとづくものである。組織における多くの活動が，価値を付加するもの，つまり顧客価値，反応性や品質に貢献するとはかぎらない。ただし，これらの非付加価値活動が，一般に除去できるものであると仮定することには注意すべきである。このもとで，活動の除去は，固定的な活動の原価に影響をおよぼす唯一の方法であり，それ故原価を削減し，資源の利用を高めるうえで最も効果的である。それは，ビジネス・プロセス・リエンジニアリング（business process reengineering, BPR）が信頼を置くものである（pp. 31-32）。

　活動の選択は，1つの製品や生産プロセスが種々の方法で設計されるとき応用できる。この場合，これらは，一連の活動とコストをもつ代替案からなり，コストが一番低いものをともなう方法が選択されることになる（p. 31）。

　活動の共用は，1つの製品や生産プロセスの設計者が製品に活動を共用させる設計代替案を選択できるとき，規模の経済をあたえる（p. 31）。

　こうして，結論を急ぐならば，以上のような原価低減の行動アプローチを通して，ABMの構図が見えてくる。それを図示するならば，注意喚起情報が2つの行動ラウンドにリンクする構図として公式化できるであろう。図3・2のごとくである。

図3・2　ABMの構図

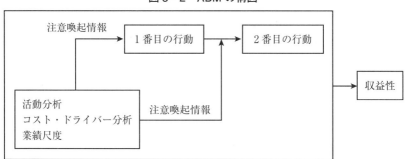

4 ABMの実施モデル

　ABMの構図を導くことができた。これにより，こうした構図をとるABMをいかに実際に実施に移すかが最後に問われることになる。それは，ABMがマネジメント・システムの特徴をもつことと密接に関係する。すなわち，このABMの構図がplan-do-seeというマネジメント・サイクルのステップに反映し，ABMの全体が実施に移される関係を読み取ることができるのである。そこで，このABMの実施モデルを表わすならば，ここでは，図3・3のようなステップからなるものを考えることができる。鈴木（2011）によれば，ABMのステップが，原価改善計画の立案（plan），計画の実行（do），そして改善結果の評価と測定（see）の３つに分けられている（94頁）。以下，図3・3に示されるABMのステップにしたがって検討を進めよう。

図3・3　ABMの実施モデル

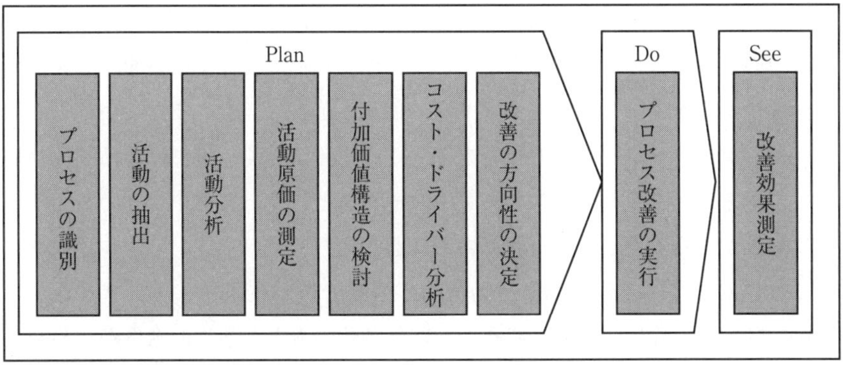

Plan						Do	See
プロセスの識別	活動の抽出	活動分析	活動原価の測定	付加価値構造の検討	コスト・ドライバー分析	改善の方向性の決定　プロセス改善の実行	改善効果測定

鈴木，2011，94頁を一部修正

(1) プロセスの識別

　図3・3に示されるように，ABMのステップは既存のプロセスを識別することに始まる。製造業ならば，購買，製品の製造，販売，出荷，アフター・サービスといった主要なプロセスを対象とする。

(2) 活動の抽出

識別されたそれぞれの既存のプロセスを構成する，実施中の活動を抽出する。

(3) 活動分析

活動分析は，ABM の重要な分析技法であった。ABM のステップの中心に位置し，実施されている活動に非付加価値活動が存在するという前提で，改善の機会を確認することが最大の目的である。前掲のターニーによる活動分析もこうした目的に立つものであった。ここで，ターニーの用いた活動分析のための指針を思い起こそう。①不可欠でない活動を確認すること，②重要な活動を分析すること，③自らの活動を最も優れた活動（の方法）（ベスト・プラクティス）と比較すること，④活動間の連鎖を検証すること，であった。4つの指針からは，ターニーによる活動分析が，活動を付加価値を生むものと生まないものとに分類する立場をとるものであることがわかる。わが国でもこうした立場は踏襲されるものであり，たとえば，付加価値活動は能率改善を，非付加価値活動は除去をもって対応されている (廣本, 2008, p. 508)。また，小林その他 (2009) では，ターニーの③の指針をほうふつするごとく，付加価値活動については，ベスト・プラクティスのベンチマークなどによって能率を向上させることに焦点があたる，とのべられている (326頁)。

これに対して，非付加価値活動指向の活動分析が主張される。ブリムソン (1988) は，その代表的な論者である。競争激化のもと，多くの企業が，不必要なコストを付加し，業績の向上を妨げる活動により関心を払うようになる。簡単にいえば，これらの活動は，ムダをあらわすもので，非付加価値活動と称されるものである。また，このような活動に関連する非付加価値原価が生じる。非付加価値活動と称されるものは，不必要な活動か，必要ではあるが不能率で改善の対象となる活動である (p. 62)。ブリムソンの描く活動分析は，この非付加価値活動の定義に応じるもので，実に簡潔である。以下のごとくである。

非付加価値活動を識別するために，つぎの3つの主要な規準が掲げられる (pp. 63-64)。
① 活動は，必要なものであるか。もし，それが不要ならば，それは非付加価値活動と称されるべきである。
② 活動は，能率的に実行されているか。付加価値活動ベースラインが各活動に対して設定されねばならなく，実際の業績は，非付加価値原価を明らかにするために付加価値活動ベースラインと比較されるべきである。付加価値活動ベースラインは，標準，予算，目標，理論的最小値および外部のベンチマーキングを用いて設定されるものをいう。
③ 活動は，ある特定の条件下で非付加価値活動か。こうしたルールが，原価を非付加価値活動として分類するために設定されることになる。

この3つの規準のうち，2番目の規準は，非付加価値原価を明確に意識下に置く。のみならず，非付加価値原価の算定を明示的に考慮する。この点は，ターニーやわが国の論者にみえなかった隠れた部分であり，かつ当面のABMの実施のモデルにおいて，この活動分析の後に付加価値活動と非付加価値活動に関わる原価を測定するステップが続くことを考えるとき，その役割は大きい。

こうして，以下，ブリムソンの非付加価値活動指向の活動分析を前提に置くことにする。すなわち，活動分析は，不要な活動を究極すべて除去し，同時に必要な活動の能率をたかめるものである。なお，本来ならば，活動分析には，実施されている活動の評価ないし分析の他に，新しい活動つまり新たに価値を付加する活動の追加をも考慮にいれるべきであろう。

(4) 活動原価の測定

付加価値原価と非付加価値原価を測定するステップである。これらはそれぞれ付加価値活動と非付加価値活動によって引き起こされる原価の測定をさす。つまり，非付加価値原価を区別して報告することで，管理者が非付加価値活動を管理するよう一層の重視を促す目的をもつ。もとより，ここでの非付加価値活動は，ブリムソンの定義にもとづくものである。

付加価値原価と非付加価値原価は，つぎのような公式を用いて算定される (Hansen and Mowen, 1994, p. 727)。

> 付加価値原価　＝SQ×SP
> 非付加価値原価＝（AQ－SQ）SP

　　　ここで，SQ＝コスト・ドライバーの付加価値量水準
　　　　　　SP＝コスト・ドライバー単位当たり標準価格
　　　　　　AQ＝コスト・ドライバーの実際量
　　　　　　　　（資源が必要のつど供給される場合，消費されるもの，あるいは資源が消費に先立って供給される場合，投入されるもの）

　付加価値原価と非付加価値原価を算定する基礎は，各活動に対するコスト・ドライバーの確認である。一旦コスト・ドライバーがみとめられたなら，コスト・ドライバーごとの付加価値標準 (value-added standard)，すなわちコスト・ドライバーの付加価値量水準 (value-added quantity level of cost driver, SQ) が定義される。ここで，コスト・ドライバーの付加価値量とは，非付加価値活動を限りなく取り除いたもので，ある活動のために消費されるべきコスト・ドライバーの量をさす (Hansen and Mowen, 1994, p. 726)。また，ここにコスト・ドライバーとは，ABCで用いられる資源ドライバーの意味で用いられる。

　付加価値原価は，このコスト・ドライバーの付加価値量水準にコスト・ドライバー単位当たり標準価格 (standard price per unit of cost driver, SP) を乗じたものである。これに対して，非付加価値原価は，コスト・ドライバーの実際量 (actual quantity of cost driver, AQ) と付加価値量水準との差にコスト・ドライバー単位当たり標準価格を乗じて算定される。なお，コスト・ドライバーの実際量は，上記公式に示されるように供給される資源のタイプに応じてその定義が異なる。このうち，消費に先立って供給される資源に関するAQは，資源の実際的キャパシティによってもとめられるものである。

　さていま，この段階で，以下ABMの実施モデルを計算例を交えて説明することにしたい。少し乱暴ではあるが，あるJIT製造環境における製品の製造

のプロセスを取り上げることにしよう。さしあたって，この製造のプロセスが単純に次の4つの活動の集合からなるとする。材料消費，動力，段取および作業促進 (expediting) の活動である。つぎに，最初の3つの活動は必要なものとされ，作業促進は，不必要なものとみなされる。また，最初の3つの活動は必要のつど供給される資源をもち，作業促進は，消費に先立って供給される資源（給料は2人の担当係に対して年間9,000千円）をもつものとしよう。

なお，4つの活動は，材料消費の活動にみられるように直接費の管理をふくんでいる。櫻井教授 (2000) に指摘されるように，ABMは，間接費だけでなく，直接費の管理にも効果を発揮する顕著な例である (57頁)。

こうして，これら（のステップ）から，次のようなデータ (20×5年12月31日) が関係する。

(単位：円)

	コスト・ドライバー	SQ	AQ	SP
材料消費	kg	20,000	24,000	3,000
動 力	kwh	120,000	132,000	400
段 取	段取時間	—	6,000	3,000
作業促進	指示回数	—	2,000	4,500

Hansen and Mowen, 1994, p.727をもとに作成

作業の促進活動のコスト・ドライバーの付加価値量 (SQ) は，その完全な除去が求められる。また，段取活動の付加価値量は，ゼロの段取時間が要求される。通常，段取は必要な活動であるが，当面の計算例は，JIT製造環境下を前提としており，この関係で段取時間をゼロにする努力がなされねばならないのである (Hansen and Mowen, 1994, p.727)。

以上より，表3・2は，4つの活動の原価を付加価値かあるいは非付加価値に分類する。また，単純化のために，コスト・ドライバー単位当りの実際価格は標準価格 (SP) に等しいものと仮定される。これにより，表3・2に示されるように，付加価値原価に非付加価値原価を加えたものが実際原価に等しいという関係がなりたつのである。

表3・2 付加価値原価および非付加価値原価（20×5／12／31）

原　　価　　　　　　　　　（単位：千円）

	付加価値	非付加価値	実　際
材料消費	60,000	12,000	72,000
動　力	48,000	4,800	52,800
段　取	—	18,000	18,000
作業促進	—	9,000	9,000
合　計	108,000	43,800	151,800

Hansen and Mowen, 1994, p. 727 をもとに作成

(5) 付加価値構造の検討

このようにして，各プロセスの付加価値構造がみえてくる。どのプロセスで非付加価値原価が多く発生しているかについて検討がおこなわれる。ここでは，実行可能性と改善の緊急性などが勘案されて（鈴木，2011，95頁），原価低減のための改善の対象となるプロセスが選択，決定されるのである。さしあたっていま，当面の計算例で説明を続けるために，JIT製造下での製品の製造のプロセスが改善の対象として決定されることにしよう。

(6) コスト・ドライバー分析

続いて，改善の対象に決定されたプロセスを構成する活動を効果的に管理することになる。コスト・ドライバー分析のステップがこれで，活動ごとに非付加価値原価がどのような原因で生じたか，そのコスト・ドライバーを検討し，分析することになる。取り急ぎ，コスト・ドライバー分析から，次のようなコスト・ドライバーが検討されたと仮定しよう（Hansen and Mowen, 1994, p. 728）。

材料消費	スクラップやムダ，またやり直しが多い
動　力	やり直しや作業の不能率が目立つ。ただし，機械は能率的に利用されている
段　取	金型が複雑のため，段取時間に手間がかかる
作業促進	主要製品の生産時間がかかりすぎである。

(7) 改善の方向性の決定

　以上のコスト・ドライバー分析の結果をうけて，具体的なプロセスの改善の方向が決まる。これが，既述されるように，活動分析とこのコスト・ドライバー分析を注意喚起情報として誘導される原価低減の行動であり，ABMの構図でいう1番目の行動の発動である。

　前述のようにコスト・ドライバー分析の効果には，2つのパターンがある。1つは，マネジメントは，ある製造間接費の発生を削減するためにコスト・ドライバーの量を減少したり，修正を加える諸方法を追求するようになる。もう1つは，新製品などの設計担当者に彼らが設計上の代替案，すなわち製品設計戦略を提案するつど間接支援部門の原価情報を提供できることである。つまり，設計担当者がこれらの原価情報を事前に知ることは，市場のニーズをみたすだけではなく，原価に見合った製品の設計を心がけるよう促すことになる。以上のパターンを1番目の行動に関係づけるとき，最初のパターンは，活動を削減あるいは除去する行動にむすびつくものであり，プロセス設計をともない，また大きく影響をうける。次のパターンは，製品設計戦略にかかわる改善で，活動を選択あるいは共用する行動にむすびつくといえよう。なお，製品設計が活動の削減と除去に影響を与えることは現実に認めがたいところである。

　さていま，当面の計算例では，4つの活動を管理するために，20×6年の期首に次のような行動を取り入れる方向が仮定されるとしよう (Hansen and Mowen, 1994, p. 728)。

材料消費	SPC (statistical process control) が実施され，スクラップやムダの減少が期待される。
動　力	製品の再設計がやり直しを削減し，動力消費を下げると期待される。
段　取	製品がより単純な金型で済むよう再設計される。単純な金型は，段取時間を削減することになる。
作業促進	JITセル生産方式が，主要製品の生産時間を削減できるという期待で導入予定である。ここでは，主要製品の生産時間を削減することが，作業の促進活動の必要を取り除くことになる。

ここで，SPCの採用で材料消費を減少する方法は，活動を削減する行動である。動力と段取は，ともに製品設計戦略によって改善するところの，活動を選択する行動かあるいは活動を共用する行動である。JITセル生産方式の実施で作業促進を取り除く方法は，活動を除去する行動である。

以上までのステップが，マネジメント・システムとしてのABMのPlanのサイクル部分である。

(8) プロセス改善の実行

プロセス改善の実行のステップは，マネジメント・システムとしてのABMのDoサイクル部分である。計算例でいえば，SPCの利用，製品の再設計およびJITセル生産方式という活動を管理するプログラムが実行に移されるステップにほかならない。

(9) 改善効果の測定

プログラムは，効果的だったであろうか。原価低減は，当初の期待通りに運んだのであろうか。これらの質問に答えるのがABMのマネジメント・システムのSeeサイクル部分であり，改善の効果を測定するステップそれである。操作的にいえば，コスト・ドライバーを目標ないし業績尺度に変換し，その達成度をモニターすることによって改善の効果を測定するステップである。図3・2のABMの構図からは，業績尺度が大きく作用するステップであり，この業績尺度にもとづいて，すなわちこれを注意喚起情報として2番目の行動がうながされるのである。以下，この点を，当面の計算例を通して明確かつ確認しよう。

表3・3は，20×5年度末の非付加価値原価と20×6年中（上述の活動管理プログラムが実行された後）に生じた非付加価値原価とを比較したトレンド（趨勢）報告書を表すものである。トレンド報告書は，原価低減が期待通りに運んだことを明らかにする。全体で非付加価値原価の相当部分が除去されてい

る。とりわけ，材料消費活動は，20×5年と比べて不能率の3/4（(24,000kg − 20,000kg) から (21,000kg − 20,000kg)）が除去されている。なお，SQ は，両方の年度で同一と仮定されている。材料消費活動は，必要のつど供給される資源を持つものである。資源消費モデルとしての ABC 理論の応用により，材料消費活動に対する資源の支出は，消費資源（量）の削減ほど減少する（(24,000kg − 21,000kg)×3,000 = 9,000 千円）。必要のつど供給される資源を持つ他の動力や段取活動についても，同様に処理されることになる（Hansen and Mowen, 1994, p. 729）。

表3・3 非付加価値原価のトレンド報告書

（単位：千円）

	20×5	20×6	変　化
材料消費	12,000	3,000	9,000F
動　力	4,800	2,400	2,400F
段　取	18,000	9,000	9,000F
作業促進	9,000	4,500	4,500F
	43,800	18,900	24,900F

Hansen and Mowen, 1994, p. 729 をもとに作成

これに対して，作業の促進活動は，消費に先立って供給される資源を持つものであった。したがって，消費される資源の量の削減がそのまま供給される資源の支出（費用）を減少することにはならないのである。当該資源に未使用キャパシティが生じる。このいわば開放部分を利用するか，あるいは再配備しなければ原価低減につながらないのである。作業促進の主たる資源は，2人の担当係の給料であった。仮に，20×6年中，JIT セル生産の実行は，生産時間を縮小し，遅れが出た場合の指示回数を50％ほど削減したとしよう。この結果，当該係員1人が余剰となり，他の製造部門の空席に移動されるとしよう。これによって，初めて4,500千円の原価低減が生じるのである。

なお，2期間の実際原価の比較を通しても，同様の原価低減が示される（表3・4参照）。しかし，非付加価値原価で報告することは，単にこの非付加価値原価の削減を明らかにするだけではない。改善の余地，つまり原価削減の可能

表3・4　実際原価の比較

(単位：千円)

	20×5	20×6	変化
材料消費	72,000	63,000	9,000F
動力	52,800	50,400	2,400F
段取	18,000	9,000	9,000F
作業促進	9,000	4,500	4,500F
	151,800	126,900	24,900F

Hansen and Mowen, 1994, p. 729 をもとに作成

性がどれだけ残っているかについての情報をマネジメントに提供するのである。加えて，付加価値量などの標準の重要な手直しがあることも忘れてはならない。また，新しい技術や設計，その他のイノベーションの新たな改善の方法が表面化してくることもある。これによって，これまでの付加価値活動が，非付加価値活動に変更されるかもしれない。さらに，付加価値のレベルもまた変化するかもしれないのである。マネジメントは現状に満足することなく，より高い能率の水準を継続的に追求すべき必要があるのである (Hansen and Mowen, 1994, p. 729)。

5　ABMの障害と活動基準責任会計

(1)　ABMの障害

　ABMの実施モデルが実務における健全でかつ広がりをもち，ここから，活動の管理を通じて企業の収益性の増加を改善する大きな可能性があるように思われた。しかし，現実はABMの世界がそのまま通用するものではなかったのである。1995年以降，米国の製造業におけるフィールド調査やサーベイは，ABMの実施が非常に困難を伴うこと，そしてその多くの実施が失敗に終わったことを報告している。このことをプレーヤー＝キーズ (1995a, 1995b) は，ABMの戦場 (ABM battle field) と比喩的に述べるものであるが，彼らのサーベ

イをきっかけに，主としてABMを実施する際に出くわす障害や落とし穴を明確にし，またこのことによる実施上の失敗を克服する諸方法やデバイスに焦点をあてる議論が突出することになる。

さしあたり，ここにいう障害がどのようなものであったかといえば，それらは，次の3つに区分できるものであるように思われる。

① 技術上の障害
② 行動上の障害
③ 構造上の障害

① **技術上の障害**

技術上（technical）の障害は，ABMの実施が技術上の困難を伴うことを端的に示す。いくつかのケースがとりあげられているが，典型的なものは，確認される活動やコスト・ドライバーがあまりにも多すぎたり（逆に少なすぎたり），また企業がこれらを詳細に記述する情報を意欲的に要求するときである。例えば，プレーヤーとキーズのサーベイは，インタビューを通してABMの実施上の落とし穴あるいは障害について議論を試みるものであるが，ここでは，多くの技術上の落とし穴がABM実施におけるパイロット段階で生じると特徴づけられている（p. 20およびpp. 22-27）。ここにパイロットとは組織の小さな単位（部署）におけるABMシステムの1つのテスト・プロジェクトであり，技術上の落とし穴は，企業が活動やコスト・ドライバーについて一層詳細に把握しようと努力することからパイロット段階で最も生じやすいものであると指摘される（pp. 20-24およびpp. 22-36）。たとえば，管理者は，活動やコスト・ドライバーの細部を全て把握するのに莫大な時間が必要であることに気づくや否や，彼らは挫折を感じ，ABMのパイロット・プロジェクトを放棄してしまうのである。

このように，技術上の障害は，ABMを実施する際に複雑なABCモデルが必要となり，活動やコスト・ドライバーの確認のために多く時間が拘束され，したがって費用がかさむとき，またそのための専門的知識やスキルを欠くときなど生じると理解される。とはいえ，技術上の障害がABMを実施する上で重

要であることは認められるものの，それが行動上の障害や構造上の障害と比べて決定的であるとはみなされなかったといえる。これには，いくつかの理由が考えられる。

例えば，技術上の障害の多くは主として，パイロット段階において重要であるためから，ABMの実施上の失敗からみてそれ程のものではないことである (Player and keys, 1995b, pp. 50-51)。また正確な製品原価の計算を目的として設計されたABCの実施をすでに経験してきている企業にとって，活動やコスト・ドライバーを確認する際の専門的知識やスキルは大きな障害とはならないことである。その経験がなく，すなわち正確な製品原価計算より活動の管理を支援する目的でABCを利用するような企業は，その専門的知識の欠如をコンサルタントに委託して補うことも考えられる (Player and keys, 1995a, pp. 20-21)。

さらに，現実にいくつかの大手製造業者は，著しく時間（費用）がかかる複雑なABMのシステムの構築を解決するためにABCモデルの設計に積極的に取り組んでいることである (Wiersema, 1996. pp. 17-20)。この点についてもう少し補足するならば，これらの企業は，改善の機会を支援する目的で，工場の活動やその作業の種々の側面を詳細に記述する情報を意欲的に要求するものであったといわれる。しかし，このことは，詳細で複雑なABCモデルを必要とし，その設計にあまりに費用がかさみ時間がかかることを意味する。つまり，これらの企業にとって，詳細さのレベルがABCモデルの設計上のジレンマとなったのである (Turney, 1994, p. B3-16)。

このジレンマを解決するために取り組まれたのが，マクロ・アクティビティ (macro activities) を用いることであった。マクロ・アクティビティは，詳細アクティビティ (detailed activities) (ミクロ・アクティビティ (micro activities) ともよばれる) の集合であり，要約アクティビティともよばれる。こうして，工場の各活動に詳細さのレベルで2つの層が出現し，2つの活動のタイプを盛り込んだABCモデルが設計されることになる (Turney, 1994 pp. B3-16-B3-17)。すなわち，詳細アクティビティに改善努力を支援する目的を意味づけることにより，詳細アクティビティは，新しいABCモデルのプロセス視点の主要部分を構成

するものとなる。これに応じて，詳細アクティビティにコスト・ドライバーと業績尺度を含む詳細な原価と非財務情報が集計される。詳細アクティビティは，製品原価計算のために用いられるものではないから，その原価は，製品ではなくマクロ・アクティビティへ割り当てられる。これにより，マクロ・アクティビティは，原価割り当ての視点の主要部分を構成し，単一のコスト・ドライバーを用いた正確な製品原価の計算が堅持され，結果として，費用と複雑性を低減することになるのである (Turney, 1994 pp. B3-20-B3-21)。

② 行動上の障害

組織は，ABMを実施する際に従業員の関心を取り入れ，また彼らの熱意を取り付けるために細心の注意を払わねばならない。この意味で，行動上 (behavioral) の障害は，人間の観点を考慮に入れるもので，技術上の障害とはその内容を異にする。プレーヤー＝キーズ (1995c) は，行動上の障害を組織すなわち個人や部門の変化に対する抵抗として特徴づけ，ABMの実施がパイロット・プロジェクトから主たる実施段階 (mainstream) に移行するもとで最も陥りやすい過ちであると強調する (p. 31)。

彼らは，最も興味のある予期し得なかった行動上の落とし穴として，管理者達がABM情報をうけとってもこの情報にもとづいて行動をとらないことがしばしばあると指摘する (p. 37)。彼らがムダで不可欠でない活動を除去しようとしないこと，価格の変更を拒むこと，またコスト・ドライバー量を削減したり，修正する努力をおこたることなどである。こうした指摘が無視できないのは，仮にその情報にもとづいてプロセスの継続的な改善努力がうまくいったならば，そのシステムは管理者達から現在の仕事（地位）を取り上げることになるという彼らの不安に根ざすものであったことである (p. 37)。彼らにとってABMが，まさしく人員削減の大きな手段に映るのである。現実に，1990年代になって復活の兆しを見てきている米国製造業が，人員合理化にたよったことは疑問の余地がないのである。

以上の予期し得なかった行動上の落とし穴が起こる現象は，前述されるようにABM情報が注意喚起情報であること，したがってこうした情報をうけとっ

たマネジメントがとらねばならない原価低減行動が2つの行動ラウンドからなることを如実に物語るものである。

③ 構造上の障害

構造上 (structural) の障害は，主にロバーツ＝シルベスター (1996) によって議論される。彼らは，ABC実施上の失敗は，ABMの技術上の困難性によるものでも，その理論が応用される方法によるものでもなく，ABCを実施するさいに管理者達が出くわす構造上の障害が原因であると主張している (p. 23)。彼らの主張も，マネジメントがABM情報をうけとった後に適切な行動をとらないことを前提においている。それは，プレーヤーとキーズによって予期し得なかった行動上の落とし穴としてシンボライズされるものに等しい。すなわち，ロバーツとシルベスターは，プロセスの継続的改善努力も設計活動のいずれの低減行動も，統合されたクロスファンクショナルな努力，時間および資源を必要とする現実に着目する (p. 28)。そして，にもかかわらず，構造上の落とし穴が生じるのは，多くの企業が依然としてクロスファンクショナルな変化をはばむ伝統的な組織形態を堅持する現実に目を向けるのである。

大量の取引を管理しなければならなくなった多くの企業は，生産のコストだけでなく，組織上のコストをも最小にする方法で自らの組織を編成してきた。ロバーツとシルベスターのいう伝統的な組織形態とは，かかる取引コストを効率的に処理する目的から組織の階層ラインに沿って著しく高く構造化されたものをさす。しかし，高く構造化された組織下にあって，多くの構造上の障害が諸部門と他の組織領域との間に存在することは説明を要さないであろう。いい換えれば，組織のコスト最小化構造が相互依存というクロスファンクショナルな変化を実施する上で重要な障害となることは否めないのである (pp. 29-33)。ここに，彼らは，組織上の構造がクロスファンクショナルな変化を必要とするプロセスや製品設計上の改善をはばむ重要な障害を創造するという結論に達するのである (p. 34)。

構造上の障害についてみたが，構造上の障害と行動上の障害はともに共通のテーマを視座にすえるものである。それは，マネジメントがABM情報にもと

づいて行動をとることがない限り,たとえ洞察に富むABM情報であってもABMのシステムからいかなるベネフィットも得ることができないことである。こうして,双方の障害を克服し,ABM実施上の失敗を回避するためのステップや方法は,ABM情報を受け取った後にマネジメントが進んで適切な原価低減の行動をとるよう,また時にこれを強要するような戦略を考慮するものでなければならないことがわかる。行動上の障害についていえば,仕事の確保に関する管理者達の不安や心配をできるだけ軽減するためのステップが考慮される必要があろう。たとえば,このことは,組織での代替的な地位を用意すること,あるいは関連する行動の決定プロセスを組織の別のレベルに引き上げることなどによって達成されうるであろう。

同様に,相互依存の,クロスファンクショナルな環境は,構造上の障害を克服し,ABMの実施が成功する可能性を細めることになろう。クロスファンクショナル・チームやABMプロジェクト・チームの利用は,構造上の障害を克服するための必要性を十分意識したものであるといえよう。こうした相互依存的なクロスファンクショナルな基盤的構造 (infrastructure) は,通常TQCやJITなどの継続的改善プログラムに適応してすでに生じているものである。この上で,そもそもABMによるプロセスの改善努力は,この継続的改善プログラムを主要なエレメントにおこなわれるものであった。したがって,逆説的にいえば,クロスファンクショナルな変化を最も必要とする企業ほど,ABMの実施からの潜在的ベネフィットを得ることが困難な企業といえるのである。反対に,いま継続的改善プログラムをうまく実施できている企業は,ABMの実施をおこなう前に構造上の障害を解決するための重要な一歩を踏み出しているということができよう (pp. 34-35)。

以上,ABMの戦場と比喩される中で,ABMの効果的な実施をはばんでいる障害ないし落とし穴についてみた。米国企業にとって,総じて行動上,構造上の障害を除去あるいは回避することがABMからのベネフィットを実現するためのキーであるということができよう。

これに対して,わが国企業についてみれば,その趣旨は異なるといえよう。

JITやTQCなどの継続的改善プログラムが顕著に普及し，それに適合する相互依存，クロスファンクショナルな組織が確立しているもとで，行動上，構造上の障害がクローズ・アップされる根拠は見当たらないからである。むしろ，ABMの導入にあたって複雑なABCモデルの設計が必要となる。これによる活動やコスト・ドライバーを詳細に把握しようとする（会計手段）努力は，わが国企業が相互依存，クロスファンクショナルな組織を創造してきたものとは根本的に異なるのである。これが，ABMの導入に踏み切ることを妨げる要因となったということができよう（伊藤，2007, 32頁）。それは，当面の障害にかかわらせていえば，ABMの導入におけるパイロット段階での技術上の障害にあてはまるものとみてとれよう。

もっとも，櫻井教授（2000）では，ABMを導入したわが国企業の経験によれば，会計担当者が製造環境の実態に関心を抱き始め，当初は意図されなかった行動的，組織的な成果が得られている事実に注視される（345頁）。

(2) 活動基準責任会計

一方，注目すべき点は，同じ時期，1995年前後米国では，活動をベースとする責任会計，すなわち活動基準責任会計 (activity-based responsibility accounting) と称されるマネジメント・コントロールが唱えられたことである。ここには，ABMが伝統的な責任会計の主要コンセプトのいくつかに大きく影響を与えたことが背景にある。たとえば，このことを本章で検討したABMの実施モデルにみれば，例えばDoサイクル部分でSPC，製品の再設計またJITセル生産が実施された。SPCの利用は，工場の製造現場や品質管理部門の統合を必要とする。製品の再設計やJITセル製造の実施は，製造改善をはじめ，設計や工程のエンジニアリングや調達部門における様々な職能と活動を統合することになる。このように，ここでは伝統的な職能の境界を越えてチームのアウトカムや統合されたクロスファンクショナルな努力が不可欠となる。伝統的な責任会計は，責任センターや個人の「独立性」を基本的仮定としてきた。しかし，以上のチームの努力を引き出すためのコントロール・システムの設計に

は,「相互依存性」を前提におくことが決定的に重要となるのである。

また,これによって個人の業績を追跡したり,評価することは減少する。反面,チーム全体の改善された業績が重視される。それと共に,責任会計の中心概念である管理可能性の基準もその適用が曖昧となるのである。さらに,実際と標準を比較することに焦点が置かれない。むしろ実際値自体,またその実際値の移動平均や趨勢に信頼が置かれることになる。非付加価値原価の報告がそうであった。そこでは,付加価値量などの標準の水準も達成可能ではなく,理想標準に近いものとして設定されていた。標準の変更も一定期間固定ではなくなる。新しい改善の方法が出現すると共に,付加価値標準が見直しされるごとくである。総じて伝統的責任会計は,現状（標準原価）を維持することによる一元的なコスト・コントロール観にもとづくものであった。これに対して,ABMは,以上のような継続的改善や戦略的コスト・マネジメント指向といった多元的コスト・マネジメント観に立つのである。頼(1994)によれば,ABMは,伝統的な責任会計への挑戦であり,またその拡張をもたらすとのべられるのである (44-45頁)。

さて,米国において逸早く,つまりABCの誕生当初の段階でマクネアー (1990) は,相互依存性が伝統的な責任会計の基礎をなす諸仮定を変えることに着目した。これにより,相互依存性の要求と組織の継続的な学習を密接にマッチするシステムとして活動基準責任会計を提唱した。活動基準責任会計は,会計責任をコストから活動へと再定義する。活動という用語を用いることは,それ故に個々の業務は結合したアウトカムを実現するために一緒にリンクし合うことを仮定する。活動基準責任会計は,コストからプロセス（活動）へマネジメントの関心を改めて集中させるシステマテックでかつ統合的なアプローチである (p.18)。

マクネアーは,伝統的な責任会計と活動基準責任会計との主要な相違を表3・5のようにあらわしている。

表3・5は,仮に活動基準責任会計に移行するとするならば,それにつれて生じる変化のタイプ（基本的仮定からコントロールの特性）を要約したもので

表3・5 活動基準責任会計と伝統的責任会計

	活動基準責任会計	伝統的責任会計
基本的仮定	相互依存性	独立性
焦　点	組織	個人
目　的	分析	コスト・コントロール
コントロールの重視	活動	コスト
コントロールの特徴	プロセス	結果
差異の利用	プロセスの改善	元帳をバランス／会計責任
標　準	歴史的／趨勢	技術的／静態的
奨励される目標	継続的改善	標準への合致
コントロールの特性	n次元的	一次元的
	曖昧	1対1のマップ
	戦略的	予算ベース
	財務と業務	財務的

McNair, 1990, p. 21

ある。たとえば，コントロールの特性のうち，活動基準責任会計のn次元的とは，ここでは，コントロールの経路が垂直的と水平的ベースの双方に設定されることを意味する。垂直的コントロールは，命令にそって報告書を上げる伝統的なヒエラルキー・システムである。水平的コントロールは，個人の行動を共通のプロジェクトや活動にリンクするために職能を横断して規定するものである。また，相互依存性をとりいれることによって，活動基準責任会計は，会計責任の個人への1対1のマップを実行不能にする。こうして管理可能性や個人の会計責任は，曖昧になるのである。

マクネアーの以上の議論は，ABMという原価低減のツールが推進，活用される以前に発表されたものである。この点，頼（1994）が，マクネアーによる活動基準責任会計はABMの一種であるとのべているのは達見である（p. 94）。これに対して，CAM-IによってABMが推進された段階で活動基準責任会計を提唱したのがハンセンとモーエンである。

ハンセン＝モーエン（1994, 1995）は，つぎのように活動基準責任会計を定義する。コントロール次元（CAM-Iクロスのプロセス視点をこう呼ぶ）は，活動分析，コスト・ドライバー分析および業績尺度に関係する。先端製造環境下にお

いてみられる継続的改善の概念に密接にかかわるのがこの次元である。このコントロール次元こそ，ほかならぬ活動基準責任会計の範囲を明確に定めるものであり，コストよりむしろ活動に対する会計責任に焦点を当てるものである，と (p. 722 および p. 852)。2000 年に入って，ハンセン＝モーエン (2000) は，伝統的な責任会計から活動基準責任会計への進展した理由を明確に述べる。伝統的な責任会計ないし職能基準責任会計は，現状の維持を強調する安定した環境下の会社組織に有用である。その一方，このシステムは，継続的改善を必要とするダイナミック環境下の組織には確実に適しない。これが理由で，活動基準責任会計の展開が生まれるのである。なお，彼らは，伝統的な責任会計が職能（職制）にもとづくシステムとして構築されることから，これを職能基準責任会計 (functional-based responsibility accounting) と呼ぶ (p. 544)。

このように，ハンセンとモーエンは，活動基準責任会計を継続的改善を必要とするダイナミックな環境によりよく適合するものとしてとらえる。前述されるように継続的改善を必要とするダイナミックな環境は，その実現のために相互依存，統合されたクロスファンクショナルな努力を不可欠とする。ハンセン＝モーエンの活動基準責任会計がこうした継続的改善を必要とするダイナミックな環境を前提におくこと自体，相互依存，統合されたクロスファンクショナルな環境が，構造上の障害を克服し，ABM の実施が成功する可能性を高めることになるという前述の議論に帰趨するのである。ABM の効果的な実施をはばむ障害ないし落とし穴，とりわけ構造上の障害をいかに除去ないし回避できるかがここでもキーになるのである。

この点を強調して，ハンセンとモーエンによる活動基準責任会計をまとめておこう。彼らは，マクネアーと同様，伝統的な責任会計（職能基準責任会計）との相違をおこなう。責任会計は4つの本質的な要素によって定義される（図3・4参照）。そして，職能基準責任会計と活動基準責任会計との相違が，これら4つの要素に関連づけて，識別され，特徴づけられる（表3・6参照）。

要約すれば，活動基準責任会計は，職能基準責任会計の財務視点にプロセス視点を追加する。組織の業績を改善するいかなる努力も，このプロセスの改善

図3・4 責任会計モデル

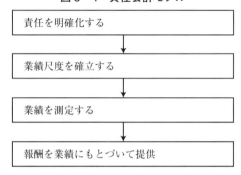

表3・6 職能基準責任会計と活動基準責任会計

	職能基準責任会計	活動基準責任会計
責任の明確化	1. 組織単位 2. 執行業務の能率 3. 個人の会計責任 4. 財務上のアウトカム	1. プロセス 2. システム全体の能率 3. チームの会計責任 4. 財務上のアウトカム
業績測定	1. 組織単位予算 2. 標準原価計算 3. 固定標準 4. 当期達成可能標準	1. プロセス指向標準 2. 付加価値標準 3. 動的標準 4. 最適化標準
業績評価	1. 財務上の能率 2. 管理可能原価 3. 実際対標準 4. 財務的尺度	1. 時間削減 2. 品質改善 3. コスト削減 4. 趨勢尺度
報酬の割り当て	1. 財務業績ベース 2. 個人の報酬 3. 昇給 4. 昇進 5. 賞与と利益シェアリング	1. 多次元業績ベース 2. グループ報酬 3. 昇給 4. 昇進 5. 賞与, 利益シェアリングおよびもうけのシェアリング

Hansen and Mowen, 2000, pp. 545-546 をもとに作成

を伴うものでなければならなかった。結果，責任会計は，一元的（コスト・コントロールの）システムから多元的（原価低減の）システム，またコスト・システムから業績マネジメント・システム（performance management system）へと変化することになったのである。

　ちなみに，ハンセン＝モーエン（2006）では，以上の職能基準責任会計から活動基準責任会計への進展にさらに戦略基準責任会計（strategic-based responsibility accounting）と称される責任会計が展開される。職能基準責任会計から活動基準責任会計への変化は正しい方向であったが，やがていくつかの限界が発見されたという。その重要な欠陥は，継続的改善努力がしばしば断片的ないしピースミールであることで，組織全体のミッションや戦略に連携することに失敗したことである（p. 548）。こうして生まれたのが戦略基準責任会計であり，戦略基準責任会計の最も共通なシステムにバランスト・スコァカード（Balance Scorecard）が取り上げられる。ここでは，バランスト・スコァカードが4つの異なる視点ごとに目標と尺度を明確化する戦略基準業績マネジメント・システム（strategic-based performance management system）として定義されている。彼らは，同様にして，バランスト・スコァカード特有の責任要素を活動基準責任会計のそれに比較する。たとえば，最初の責任を明確化するという要素との関連でいえば，戦略基準責任会計の責任が会社の戦略にリンクするのに対して，活動基準責任会計では戦略に結びつかない。また，戦略基準責任会計は，2つの視点，顧客と従業員（学習と成長）のそれぞれの視点を追加する。これらは，活動基準責任会計ではおよそ考慮されないものである。

問題

問題1

以下は,活動分析ないし付加価値活動(非付加価値活動)に関する質問である。

設問1

非付加価値活動とは何か,またそのいくつかの例をあげなさい。

設問2

付加価値標準は,付加価値原価と非付加価値原価を識別するためにどのように用いられるか説明しなさい。

設問3

非付加価値原価の管理において,コスト・ドライバーによって有利,あるいは不利になる行動がいかに引き起こされるか議論しなさい。

設問4

付加価値標準の利用が,逆機能行動の可能性を回避するために用いられる理由を述べなさい。

設問5

なぜ活動分析は,継続的改善の目標と両立するか説明しなさい。

問題2

B製造会社は,作業消費,材料受入および梱包の各活動の付加価値標準を開発した。年度の生産量に対して各活動に投入の付加価値量(SQ),達成されたこれらの実際量(AQ)および標準価格(SP)は,つぎの通りである。

	コスト・ドライバー	SQ	AQ	SP
作業消費	作業時間	12,000	15,000	0.8
材料受入	注文回数	400	500	10
梱包	販売回数	600	800	8

(単位：千円)

なお，投入に支払われる実際価格は，標準価格に等しいものとする。

設問1

付加価値原価と非付加価値原価を説明する原価報告書を作成しなさい。

設問2

会社は次年度に非付加価値原価を30％程削減しようと欲していると仮定する。この目標に向けた会社の進展を評価するために用いられる当期達成可能標準（原価と数量）を作成しなさい。

なお，伝統的原価管理の目的からは，達成可能標準原価が業績目標として強調されてきた（例えば表3・6の職能基準責任会計を参照）。これに対して，ここに当期達成可能標準は，これを継続的改善の目標に適合する行動をうながすために変形して維持されるものをさす。

(Hansen and Mowen, 1994, p. 749 にもとづく)。

第4章

A B B

　ABCは，1980年代の後半から1990年にかけて米国において正確な製品原価の算定を通じて製品戦略に有用なツールとして脚光を浴びた。その数年後，ABCは，プロセスの改善を通して原価低減を計るABMに発展した。そしていま，ABCは，ABCを予算に利用するABB（活動基準予算編成ないし予算管理，Activity-Based Budgeting, 以下ABBと略称する）へと発展を遂げてきている。

　さて，ABCが予算編成ないし予算管理，つまり予算による計画と統制のシステムに統合，活用されるに至った背景は何であったのであろうか。わが国では，次のような見解を見ることができる。原価計算は，それが予算制度と有機的に結びつくことによってはじめて経営管理のための会計制度として確立され得る。こうして，ABCも原価計算として例外ではなく，米国でのABCの発展過程においてABBが提唱されたのも必然であったかもしれない（小菅，2000，18頁）。

　一方，ABCの米国での発展過程にこだわるとき，キャプラン＝クーパー（1998）らの精力的な研究につづいて，2000年にかけてブリーカー（2001）などのCAM-Iをスポンサーとする研究が突出し，その後のABBの実践上の発展に大きく影響をもたらした点は無視できない。すなわち，CAM-IによってABMが推進される一方で，前章でみられた活動分析やコスト・ドライバー分析にもとづくABMによる原価低減行動は断片的で，ピースミールなプロセス改善にしか結びつかなかった。この結果，その効果を継続的に維持して総合的に引き出す必要性が生じ，そのためにプロセスの改善や原価低減を日常業務の中でモニターできるよう予算による計画と統制に統合することがもとめられるのである。ABBなくして，ABMの効果的な実施はありえないと考えられる

のである。

　以下，伝統的な予算との対比を通して，ABBの強み（利点）について確認することから出発する。つぎに，ABBとABCとの基本的相違について検討を加える。これによって，一般的状況に当てはまるABBの全体像がみえてこよう。ついで，ABBの基本モデルを通してABBが作成されていく一連の手順を理解，その例示を紹介する。そして，最後に弾力性予算の活動基準アプローチについて検討を試みる。

1 ABBの利点

　ABBの利点は，伝統的予算に対してきわめて特異なものといえよう。以下，ブリムソン＝アントス (1999)，プライア（出版年不詳）を中心に，まず伝統的予算の陥りやすい欠点をまとめることにしよう。伝統的予算のどのような点が改善されるべきかが指摘される (Brimson and Antos, 1999, pp. 16-27, Pryor, p. 149)。

① 伝統的予算は，何よりも価値創造のための実用的な情報を欠いている。
② 伝統的予算は，組織の誰もが知っている共通の言語を提供しない。会計上の用語では，コミュニケーションを困難にし，協同や全員の賛同を犠牲に専門化を助長することになる。活動やビジネス・プロセスなどの共通用語を用いるべきである。
③ 典型的な予算編成は，スプレッド・シート方法をとる。多くの場合，例えば10％の売上増という予測にもとづいて前年度の費用実績などに同じ10％が加算されるやり方がとられる。この方法は，実践的かつ論理的ではない。何よりも前年度の不能率が当該年度の予算に組み込まれる点は問題である。
④ 伝統的予算では，アウトプットよりもむしろインプット（コスト）に焦点が当たる。しかし，将来の負荷量（作業量）とその変化について考慮すべきである。期待されるアウトプットを知ることは，どれだけの資源が必要とされるかを評価するためにきわめて重要なのである。

⑤　伝統的予算は，継続的改善を支援しない。単純に過去の反復に焦点を当てる。しかも，一定の比率以下に原価を削減するといった目標を設定するだけで，組織成員に具体的にその達成の方法について洞察を与えるものではない。本来ならば，毎年の原価低減目標を設定することで，継続的改善が可能でなければならず，またこれを前提に予算が立ち上げられるべきである。

⑥　継続的改善を予算に組み込むことは，コストだけではなく品質や適時性や顧客満足などの尺度を必要とする。しかし，伝統的予算は，コスト以外のこれらの尺度に強調をおかない。

⑦　伝統的予算は，個々のコスト・センター中心の，いわばサイロ的見方を重視する。各部門は，自部門の都合だけで予算原案を作成する傾向が強く，部門（職能）横断的なビジネス・プロセスの見方を欠くのである。

⑧　伝統的予算では，部門の業績に関心がいき，ムダで付加価値を生まない活動の存在に気がつくことが少なかった。

⑨　伝統的予算は，サービスの水準を考慮にいれない。従業員数が同じでも，例えば給料の支払頻度等のサービスの水準を変更することで当該経理部門の予算に影響する。サービスの水準を考慮に入れることは，予算の編成における重要な次元なのである。

⑩　伝統的予算は，コストの根源的原因を明らかにしない。むしろ，その結果に焦点を合わせる傾向が強い。しかし，コストはその根源的原因を取り除くことによって除去が可能となるのである。

⑪　伝統的予算では，その編成のプロセスで交渉能力や組織内での力関係（既得権）が作用する。プロセスは，ゲームズマンシップから成るのである。たとえば，その予算のプロセスで，予算を要求するコストセンターの責任者と予算を承認する上司の管理者とが交渉の結果，前年度の予算に一定の割合を加減した水準に落ち着くといった経緯がある。ちなみに，キャプラン達が，伝統的予算の実践上の特徴として最もとりあげるものが，これである（Kaplan and Cooper, 1998, p. 380）。

⑫　伝統的予算は，戦略を予算に連結しない。トップが戦略に責任を持ち，第一線の管理者はその執行に責任を持つのである。極端にいえば，戦略はアクション・プランとしてより，年度報告書でのトップの紋切り型の挨拶程度に捉えられるのである。また，伝統的予算が，組織の戦略について何かを組織成員に告げるようなことはない。本来ならば，組織成員の全てが自ら組織の戦略や目標と一体化し，企業の価値創造に責任を持ち続けるものでなければならないところである。

⑬　伝統的予算は，原価を固定費と変動費とで考える。ここでは，一度原価が固定費と認められれば，それが固定的であるために，除去したり削減できないといった態度が浸透する。結果として変動費に関心が向くことになる。代わって，使用（消費）と未使用キャパシティとして考察すべきである。一旦キャパシティが未使用と認められる時，その戦略上の洞察は著しく大きい。

さて，ABB の強み（利点）は，これらの伝統的予算の欠陥を改善し，克服する点に求められる。以下のように対比的に要約できよう（Brimson and Antos, 1999, pp. 27-29, Pryor, pp. 152-153）。

①　ABB は，価値創造に向けた明確な見方を提供する。

②　ABB は，活動別に予算を組む。例えば，購買部門では，部品や供給者リストの作成，引き合い，発注，契約，受注品の受け入れ，支払いなどの活動別に予算が編成される。ABB は，このように活動やビジネス・プロセスなどの共通用語を用いる。

③　ABB は，スプレッド・シートの世界ではない。前年度の実績や恣意的な比率ではなく，全員の賛同がえられるような形で編成される。例えば，必要とされる資源の量の予算は，アウトプット量にアウトプット当たりの予算コストを乗じてもとめられるごとくである。ここでは，予算に対する信頼性が高まる。

④　ABB は，アウトプットとの関係において予算を編成し，統制する。ABB は，活動のアウトプット量やこれらを遂行するために必要とされる資

源の量を予算化，つまり負荷量予算を算定する。この場合，価値創造のためには，アウトプットの質を下げずに負荷量をうまく削減することである。

⑤　ABBは，原価低減目標を設定することで，原価を低減するための継続的改善を組み込む。例えば，次年度の活動は，年度のABMによる継続的改善プログラム（シックス・シグマ）のおかげで大幅に削減できると見積もられる。

⑥　ABBは，継続的改善を前提に予算を立ち上げることになり，継続的改善プログラムがやりやすくなる。これによって，コスト以外の時間や品質，また顧客満足などが重視される。

⑦　ABBは，サイロ的見方だけでは予算原案が作成できない仕組みとなっている。例えば，購買部門は，本社の生産部門の生産方針を満たすために次期の当該部門の活動のアウトプット量を見積もることになり，部門横断的なビジネス・プロセスの見方を不可欠とする。

⑧　ABBは，活動分析を通してムダや不必要な活動（非付加価値活動）を排除することができる。例えば，材料促進活動は非付加価値活動であり，可能な限り除去する計画がとられる。

⑨　ABBは，サービスの水準を考慮に入れる。例えば，従業員管理活動では，従業員数は同じであっても，そのサービスの質や頻度の水準を考慮に入れることは，当該部門の予算に影響をもたらす。

⑩　ABBは，活動やプロセスの原因を識別するのに役立つ。ABMによるプロセスの改善や原価低減の行動を取り入れやすい仕組みとなっている。

⑪　ABBでは，資源，とくに実際に供給される資源の量をめぐる交渉に力関係が作用する余地は少ない。できるかぎり客観的な事実にもとづいた交渉がおこなわれる。

⑫　ABBは，戦略（目標）に焦点をあてて，ここからこれらの目標に合致する活動を確認し，これに働きかけることができる。つまり，ABBでは，戦略を活動ベースで考慮することができる。例えば，活動の組み合せを考慮するなかで，特定の活動を重視することによって，戦略目標の設定に役立

つのである。

⑬ ABBでは，予算の編成段階で未利用キャパシティを把握することができる。例えば，編成手続上，見積もられた活動のアウトプット量を実行するために必要とされる資源の量は，実際に供給可能な資源量でなければならない。手順上，必要とされる資源の量に実際に供給可能な資源量を比較する必要がある。いわゆる調整のプロセスを伴うのである。ABBでは，この調整のプロセスで未使用キャパシティに対する注意を喚起する。未使用キャパシティを理解することは，原価を固定費と変動費とにみる伝統的な思考とくらべてはるかにその戦略上の洞察は大きい。

以上，ABBの利点について要約した。ABBの強みは，米国ではCAM－Iの支援のもとにその影響を受けながらも，より広い範囲に及ぶことがわかる。ABMによる改善活動を取り入れる仕組みを容易にする一方で，他のプロセスやマネジメント機能や戦略計画設定などと重なり，またインターフェイスする部分を多く持つのである。この点，ブリーカー (2001) は，ABCと比較して，より広い範囲においてABBをとらえ，つぎのように説明する。ABBは，ABCという原価計算システムの部分を持つ以上に，組織目標を達成するための戦略計画の一部分であり，当該期間の業務をモニターする計画と統制のシステムであり，また次期におこなわれる支出を決定することに焦点をあてる予算編成プロセスというABB環境からなる (p.6)。

以上のように，ABBの利点を確認したのち，ABBは，ABCとの相違を通して具体的かつより鮮明となっていくと思われる。

2 ABCとABBの比較

ABBは，ABCの基礎概念にもとづくものである。しかし，両者の間に基本的な相違が存在することも疑いのないところである。以下では，ブリーカー (2001) の主張を中心にみていくことにする。

ABBの目的は，将来の期間の組織のニーズを予測することにある。これら

のニーズは，生産される製品やサービスの将来期待される需要によって決まる。こうして，ABBで必要とされる最初のデータは，製品やサービスに対して予測される需要の水準である。ABCが過去（進行中）のモデルであるのに対し，ABBは予測モデルである。予測は，ABBの核である (pp. 6-7)。

ABBは，ボトムアップ，すなわち製品やサービスから活動，活動から資源へとABCを活用する。手続上，ABBはABCと逆である。この点は，キャプラン達でも強調される (Kaplan and Cooper, 1998, p. 303)。図4・1に示されるごとく，ABBは，ボトムで出発し，CAM-Iクロスの原価集計視点を上方にスパイラルする反復的プロセスである。これに対して，ABCはトップダウンであった (p. 7)。

ABCは，資源の原価を活動を媒介に原価計算対象に配賦するために，コストドライバー・レート（資源ドライバー・レートと活動ドライバー・レート）を用いた。これに対して，ABBは，製品やサービスの生産に消費される投入レートに焦点を当てる。すなわち，原価計算対象が活動を消費するレート（活動消費レート）と活動が資源を消費するレート（資源消費レート）である。このように，ABCモデルがコストドライバー・レートを用いる代わりに，ABBモデルは，（2つのタイプを持つ）消費レート (rate of consumption) を利用するのである。なお，コストドライバー・レートは，過去のものであるため

図4・1 ABCとABB

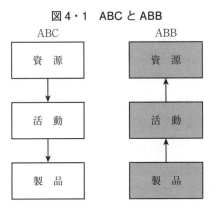

に，アップデートな情報をとらえることに失敗する。ここでは，組織が次期に直面する現在ないし将来予測される状況のいずれにも適宜に対応することにはならない。見方をかえれば，ABC のコストドライバー・レートと ABB の消費レートとの相違は，予測ということになるのである (p. 7)。

また，ABB の焦点は，次期の予測される需要を満たすために実施される活動のアウトプット量を決定することにある。活動負荷量 (activity workload) とよばれることがある。この負荷量は，つぎに，活動のアウトプット量を実行するためにどれだけの資源の量を必要とするかを決定する目的に変換される。必要とされる資源の量とよばれるもので，しばしば負荷量予算として用いられる (p. 7)。

ABC データは，財務（貨幣）尺度で表わされる。対照的に ABB データは，業務的で数量的な尺度で表わされる。これら ABB の数量データは，図 4・1 に示される最初の製品の需要予測から活動を通して必要とされる資源までで利用される。ただ，最終の手順では，資源の数量的プールは財務尺度に変換されねばならない。この点，ブリーカーではつぎのような例で説明されている。仮に 12,000 の直接作業時間の資源プールが必要とされ，6 人のフルタイム勤務の従業員が雇用されねばならないとしよう。これらの整数額は，次に財務尺度に変換される。各従業員がそれぞれ 45,000 ドルの報酬を稼ぐとすれば，270,000 ドル（45,000 × 6）が必要とされる直接作業の資源プールの予算コストということになる (pp. 8-9)。

以上，ABB が ABC と比較して異なる点は，ABB が予測的であること，ボトムアップで，CAM-I クロスの原価集計視点を上方にスパイラルすること，コストドライバー・レートに代わって消費レートであること，予測される負荷量の決定に焦点を合わせること，および数量的データを用いること，である。これらのすべての点が意味深長で，ABB を特徴づけるものである。

3 ABBの基本モデルと手順

これらの特徴をもつABBは，どのような手順で作成されるのであろうか。ABBの一連の手順は，ベルジエソン (1997)，キャプラン＝クーパー (1998)，ブリーカー (2001) をはじめ多くでとりあげられる。このうち，ブリーカー (2001) によれば，CAM-Iクロスの原価集計視点と結合して，一連の手順が，ABBの基本モデルを構築するために採用されている (p. 10)。ここでは，前掲の図4・1のABBの右側に，（ブリーカーは7つの手順をとるが）4つの手順をボトムアップで配置するより単純なABB基本モデルを構築するものである。図4・2のように示される。ABBは，このモデルにもとづく一連の手順を

図4・2　ABBの基本モデル

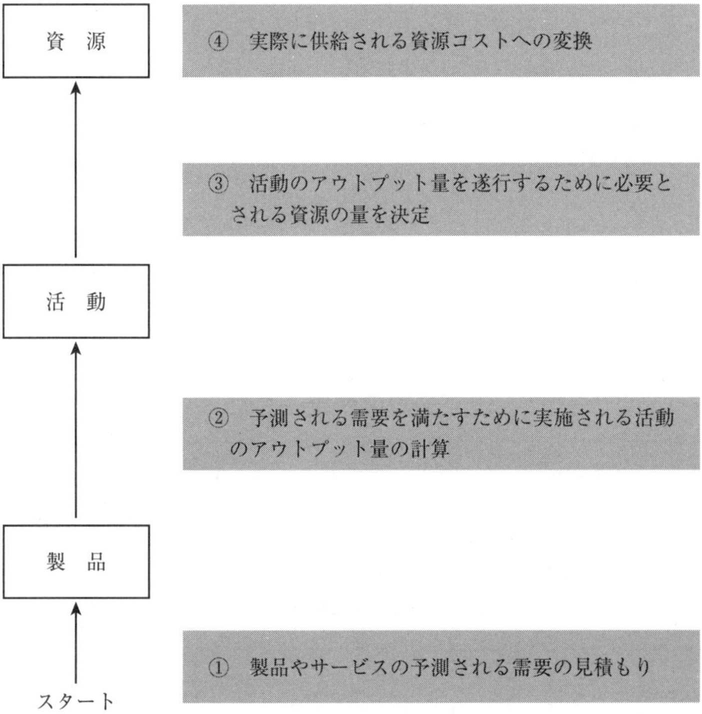

資　源
　④　実際に供給される資源コストへの変換

　③　活動のアウトプット量を遂行するために必要とされる資源の量を決定

活　動

　②　予測される需要を満たすために実施される活動のアウトプット量の計算

製　品

　①　製品やサービスの予測される需要の見積もり

スタート

中心に作成されていくのである。

(1) 各製品の予測される需要の見積もり―手順1

次年度にどの製品をどれだけ生産（販売）するか，各製品の生産量（販売量）を見積もるステップである。

(2) 活動のアウトプット量の計算―手順2

予測される需要を満たすために実施される活動のアウトプット量を計算するステップである。前述される活動負荷量を明らかにするステップが，これである。活動はアウトプット，すなわち1つの活動の結果を産出する。そのアウトプット量は，すでにABCシステムを保持しているならば，活動明細票（bill of activity）を活用することができる。ここに活動明細票は，製品やサービス，ビジネス・プロセス，またプロジェクトを生産，産出するために必要とされる活動と活動の量をリストしたものをいう。したがって，これに予測される需要を乗じることになる。もし，ABCシステムを持っていないならば，予算期間の生産量の増加割合を決定し，この分を現在の活動アウトプット量に乗じることもできる。例えば，生産が次年度に10％増加するならば，生産のプロセスの各活動アウトプット量を現在の10％以上に仮定することになる。

また，前述される活動消費レートは，このステップで用いられるもので，活動消費レートを確認して，これを予測される需要に乗じることになる。

(3) 必要とされる資源の量の決定―手順3

手順2で見積もられる活動のアウトプット量を実行するために必要とされる資源の量を決定するステップである。これには，以下の2つの方法がある。1つは，アウトプット当たりの予算コストを求め，これに活動のアウトプット量を乗じる方法である。2つ目は，前述の資源消費レートを確認し，同様にこれに活動のアウトプット量を乗じる方法である。以下では，その性質から1番目の方法をアウトプット法，2番目の方法をインプット法とそれぞれ呼ぶことに

する。

　ところで，ここでの要件は，こうして求められる資源の必要量が実際に供給可能な資源量でなければならないことである。ここから，アウトプット法をみると，ここでの資源の必要量は予算（貨幣）額で表わされ，この予算額にマッチするためにこれらを実際に供給可能な資源コストに変換する必要がある。それ自体，資源コスト面での調整（modification）とよばれるもので，ABB 基本モデルの最後の実際に供給される資源コストへの変換のステップ，手順 4 において実施されるものとなる。

　これに対して，インプット法によれば，数量化された資源の必要量が実際に供給可能な，現在利用可能な資源の量と比較される。したがって，つぎのような資源の調整が，この手順 3 のサブパートとして加わる点に注意したい（Bleeker, 2001, p. 10）。

　a. もし資源の必要量が現在利用可能な資源の量に等しい，あるいは近似するならば，ABB モデルのつぎの手順 4 に続く。
　b. もし，そうでなければ，現在利用可能な資源の量を追加あるいは除去しなければならない。あるいは必要とされる資源の新しい水準を計算するために最初の手順 1 に戻り手順 1 から投入データを調整することになる。資源消費レートやアウトプットの需要や製品やプロセスの特徴を変更することである。

　このうち，b. の資源（量）を追加あるいは除去する手続きは，いくつかの視点から考察される。例えば，それは，資源の需要に予算をマッチさせるために資源の供給を変更するという視点を持つ。クーパーとキャプランは，この視点の重要性を資源消費モデルとしての ABC 理論を参照しながら，つぎのように確認している。資源の需要と供給の差は，資源への将来の支出に変更をもたらす。このような方法に ABC モデルが用いられるときは，計画や予算編成が中心的ツールとなる。すなわち，供給に不足がある場合，資源の利用可能性を増加するために追加の支出が正当化される。逆に，供給が予測される需要を超える場合，管理者は資源の利用可能性を削減し，これによる費用（支出）を減少

するよう要請される。管理者は，機械を取り換えずに売却あるいは廃棄処分すること，組織を自発的に離職する従業員の後任は採用しないこと，最早必要とされない活動から従業員を配置替えすること，はたまたより劇的に余剰な従業員を解雇することなどによって未使用キャパシティを削減できる。これらの行動によってより少ない資源で同じ収益を生むことができ，それによって利益の増加が可能となる（Cooper and Kaplan, 1992, p. 11）。

また，資源の追加あるいは除去の決定は，それが供給される資源（現在利用可能な資源）のタイプに依存するという視点を持つ。ここに供給される資源のタイプには，第2章の表2・2に示されるように必要のつど供給される資源と消費に先立って供給される資源がある。前者は，原材料，エネルギー，日雇い一時払い，出来高払い，超過勤務手当などが典型で，キャプランとクーパーはこれらを弾力性資源（flexible resources）とよんでいる（Kaplan and Cooper, 1998, pp. 120-121）。後者は，間接・支援部門の設備，リース（明示的契約），月給および時間給従業員（暗黙の契約）などを含み，投入済資源（committed resourses）とよばれる。したがって，資源の追加決定を前者についてみれば，必要な時に必要な分だけ供給（投入）すればよいことになる。これに対して，後者は，すでに購入されている設備器材，暗黙の契約を結んでいる月給従業員のように既に組織に供給（投入）されている資源分である。そこで，ここでは，既に供給されている供給量と資源の需要量（必要資源量）とを比較しなければならない。供給量に不足があれば追加調達が検討される。反対に供給量が必要資源量を超えるならば，そのまま保有するか，あるいは用途のための配置替えや除去などを検討することになる。

さらに，資源の追加や除去はその決定のタイミングとコスト・ビヘイビアの視点をもつ。追加，除去される資源は短期的とみなされ，その主要な点は，これまで固定費としてみなされてきた原価が今では長期的に変動費になることである。いみじくも，キャプラン達はいう。ABCの初期から，ABCは長期変動費についての情報を提供するものとして述べられてきた。いま，ABBは，長期変動費のあいまいな考え方をより明確に，しかも操作的にする。ABBは，

上方向（資源の追加），下方向（資源の除去）であれ，ほとんどすべての組織コストを変動費化させるための情報を提供することになる (Kaplan and Cooper, 1998, p. 313)。ABB がうまく実施された暁には，原価を固定費と変動費とでみる伝統的な思考は吹き飛ばされる，と (Kaplan and Cooper, 1998, p. 302)。

(4) 実際に供給される資源コストへの変換―手順4

　以上で求められた必要とされる資源の量を実際に供給される資源コストに変換するステップである。手順3における資源の必要量の決定には2つの方法があった。アウトプット法では，資源の必要量は予算額で示された。このため，この手順4では，この予算額を満たすような実際に供給される資源コストを展開することになる。それ自体，資源コストによる調整である。この結果が，資源コストの大部分は固定費ではなく，変動費になるのである。

　一方インプット法によるときは，資源単位当たり予算レート，つまり手順3で用いられる資源消費レートと同じ資源の単位当たり予算レートを求める。そして，これに手順3での資源の必要量を乗じることによって実際に供給される資源コストへの変換がおこなわれる。これらが，原価計算対象ごとに予測される需要を満たすために必要とされる資源の総原価に累積されて，予算として承認をうけることになる。

　なお，ブリーカー (2001) によれば，当該企業の利益や利益率の尺度を算定し，これらが当初の財務目標に合致あるいはそれを超えるものかどうかを判断する手続きが加わる。もし目標が達成されなければ，手順3に戻り，手順1からの投入データを修正することになる。手順3での調整は，組織（会社）の資源のバランスを確保するためにもとめられた。これに対して，ここでの手順4の調整は，当初の財務目標に合致する財務上のバランスを求めるものである。もし目標が達成されなければ，手順3に戻り，手順1からの投入データを修正することになる (p. 10)。

110 第4章 ABB

4 ABBの手順の例示

以上，ABB基本モデルを通じてABBが作り上げられていく手順についてみた。

こうしたABBの手順にとって，ケース・スタディや実践的モデルの考察が有益となるであろう。以下では，ABBが作り上げられる手順を前出のプライァが設定している例示を通して理解したいと思う。

プライァは，仮設会社の材料受入部門についてABBの手順を例示する。

(1) 予算期間の活動の定義

当該部門（活動センター）が次年度の予算期間に実行を計画する活動を決定するステップである。基本的に，諸活動は，本年度の活動と同じあるいは類似するものである。この点，次年度の予算期間で異なるものは，活動のアウトプット量と活動によって消費される原価である。部門の管理者は，以上の活動（の種類），アウトプット量（活動負荷量）および原価を正確に取り出すために調査やインタビューをしなければならない (p.150)。

(2) 予算期間の活動負荷量の計算

予測される需要を満たすために実施される活動のアウトプット量（活動負荷量）を計算するステップである。表4・2は，当該材料受入部門の20×5年のワークシート（実績値）である。表4・2中のアウトプット尺度は，活動のアウトプットに対する数量尺度をあらわす。たとえば，材料受入活動のアウトプット尺度は，受入回数というごとくである。

この実績にもとづいて，会社の次年度の計画は，2,550単位の製品生産量を予定する。また，生産される各製品に対して2回の材料受入が実行されねばならないとする。こうして，受入部門の管理者は，次年度に必要とされる材料受入回数5,100回を予算に組み入れることになる。また，材料の移働の回数は

表4・2 20×5年 ワークシート（実績値）

(単位：千円)

活　　動	合　計	付加価値 材料受入	非付加価値 材料移動	非付加価値 材料促進	付加価値 従業員 管理	付加価値 管理業務
消耗品費	11,850	4,800	2,250	2,550	1,005	1,245
減価償却費	26,850	4,650	16,500	4,800	450	450
給　料	83,250	27,000	22,500	12,750	16,350	4,650
床面積関連費	6,300	2,100	2,100	1,050	600	450
その他	10,050	3,450	2,850	1,350	1,845	555
合　計	138,300	42,000	46,200	22,500	20,250	7,350
活動アウトプット尺度		受入回数	移動回数	督促件数	従業員数	従業員数
20×5年アウトプット量		3,750	16,500	1,875	15	15
20×5年アウトプット当たり予算コスト		11.2	2.8	12	1,350	490
合　計		42,000	46,200	22,500	20,250	7,350

Pryor, p. 151をもとに作成

20,250回に増加すると見積もられる。一方材料供給の促進活動は，本年度のABMによる継続的改善プログラムのおかげで材料督促の通知900件に減少できると見積もられる。材料受入部門の管理者は，ABMによる分析を丁度実施し終わったところである。また，従業員の管理と管理業務の活動は，従業員の数，15人で同じに留まるとする（p.150）。表4・3のごとくである。

(3) 資源の必要量の決定

以上で見積もられた活動のアウトプット量を遂行するために必要とされる資源の必要量を予算化するステップが，これである。ここでの資源の必要量の決定は，アウトプット法による。活動のアウトプット面からアウトプット当たり予算コストを求め，これに活動のアウトプット量を乗じる計算方法が採られる。強調したいのは，ここでのアウトプット当たり予算コストが生産性の改善目標（productivity improvement target）にもとづいて設定される点である。本社の上級管理者は，次年度は10％の生産性の改善を要請した。これをうけて，当該部門の管理者は，部門の大部分の改善の機会は非付加価値活動に関係する

112 第4章 ABB

表4・3 20×6年 予算

活　　動	合　　計	材料受入	材料移動	材料促進	従業員管理	管理業務
20×6年アウトプット量		5,100	20,250	900	15	15
アウトプット当たり予算コスト						
総予算（A）						
消耗品費						
減価償却費						
給　　料						
床面積関連費						
そ の 他						
合　計（B）						
差　異（A－B）						

Pryor, p. 151 をもとに作成

と確信し，受入部門のI/Tチームをたちあげた (p. 151)。

　これにより，部門の管理者は，次の仮定を用いて活動のアウトプット当たり予算コストを導く。

　① 姉妹工場とのベンチマーキングしたデータにもとづいて，材料受入（のアウトプット）当たり予算コストを11.2千円から10千円へと削減する。

　② これまで移動回数の削減のためになんらの改善もなされてこなかった。しかし，管理者は当初から，前述される本社の生産性方針の要請を満たすために次期の活動のアウトプット当たり予算コストが本年度の実績より少なくとも10%は低くしなければならないと決めていた。ここに，部門管理者は，移動当たり予算コストを10%強（2.8千円から2.5千円）削減することに決定する。

　また，原則的に，もし当該部門が非付加価値活動のアウトプット量の予算を削減できるならば，それは組織の成果を向上するであろう。ここから，次の仮定が導かれる。

　③ 材料供給の促進活動は，非付加価値活動である。従って，材料促進当

たりコストを削減することより材料供給の促進活動の量を削減することが重要となる。実際に，受入部門の管理者は，前述されるように次年度の材料督促の通知活動の量を900件にまで下げる計画でいる。ただし，材料促進当たりの予算コストは，本年度の12千円を超えてはならないとする。
④ 従業員の管理と管理業務をおこなう活動は，付加価値活動である。しかし，主活動ではなく，副次的な活動の性格をもつ。そこで，単純にこれらのアウトプット当たり予算コストが他の同様の部門と比較されることになる。20％程度高いことが分かり，20％ほど削減した予算が立てられる（p. 152）。

こうして，以上の活動のアウトプット当たり予算コストに次年度の活動のアウトプット量を乗じて，資源の必要量の予算が決定される。例えば，材料受入のアウトプット量5,100回にそのアウトプット当たり予算コスト10千円を乗じる。これによって，51,000千円がこの材料受入活動の遂行のために次年度

表4・4　20×6年　予算

(単位：千円)

活　　動	合　　計	材料受入	材料移動	材料促進	従業員管理	管理業務
20×6年アウトプット量		5,100	20,250	900	15	15
アウトプット当たり予算コスト		10	2.5	12	1,080	392
総予算（A）	134,505	51,000	50,625	10,800	16,200	5,880
消耗品費						
減価償却費						
給　　料						
床面積関連費						
そ の 他						
合計（B）						
差異（A－B）						

Pryor, p. 153をもとに作成

に必要とされる資源予算となるのである。他の活動についても，同様の計算をおこなうことで，134,505千円の資源必要量の予算額が生じる (p. 153)。表4・4の通りである。

(4) 実際に供給される資源コストの決定

つづいて，資源の必要量の予算額を満たすためにこれらを実際に供給される資源コストに変換する必要がある。これが，実際に供給される資源コストの決定のステップである。事実上，資源コストの調整といわれる手順である。それは，具体的に134,505千円の材料受入部門の総予算額が，つぎのような調整によって達成されることになることからあきらかとなる。なお，減価償却費と床面積関連予算は固定費であるため，変わらず，調整の対象からは除外される。

① 材料供給の促進活動と前述の2つの副次的活動（従業員管理と管理業務）のために見積もられる消耗品費とその他に対する支出は大幅に削減する。

② 材料供給の促進活動には未使用（余剰）キャパシティが生じている。というのは，次年度には大幅なアウトプット量の削減が計画されているからである。いま，3人の担当係が不用なことが決まったとする。2人は材料受入活動へ，1人は材料移動活動へと配置換えになった。これら双方の次年度の活動は，そのアウトプット量を増加する計画にもとづいているためである。

このようにして，134,505千円の予算額にマッチする，つまりバランス状態にある資源コストが決定するのである。表4・5のように示される。これが次年度予算としてトップの承認を受けるという運びになる (p. 154)。

以上，プライァによるABBの手順についてそこで設定されている例示をとりあげた。結論的に，そこからは，本章の冒頭に掲げられるABBの利点（強み）の多くが引き出される。活動別の予算が組まれ，全員の賛同が得られる形をとる。アウトプットとの関連で予算費用が編成される。取引活動が，ABMの継続改善プログラムのおかげで大幅に削減される。アウトプット当たり予算

表4・5　20×6年　予算

20×5年　ワークシート（実績表）

（単位：千円）

活動	合計	付加価値 材料受入	非付加価値 材料移動	非付加価値 材料促進	付加価値 従業員管理	付加価値 管理業務
消耗品費	11,850	4,800	2,250	2,550	1,005	1,245
減価償却費	26,850	4,650	16,500	4,800	450	450
給　料	83,250	27,000	22,500	12,750	16,350	4,650
床面積関連費	6,300	2,100	2,100	1,050	600	450
その他	10,050	3,450	2,850	1,350	1,845	555
合　計	138,300	42,000	46,200	22,500	20,250	7,350
活動アウトプット尺度		受入回数	移動回数	督促件数	従業員数	従業員数
20×5年アウトプット量		3,750	16,500	1,875	15	15
20×5年アウトプット当たり予算コスト		11.2	2.8	12	1,350	490
合　計		42,000	46,200	22,500	20,250	7,350

20×6年予算

活動	合計	材料受入	材料移動	材料促進	従業員管理	管理業務
20×6年アウトプット量		5,100	20,250	900	15	15
アウトプット当たり予算コスト		10	2.5	12	1,080	392
総予算（A）	134,505	51,000	50,625	10,800	16,200	5,880
消耗品費	9,675	5,025	2,325	1,245	450	630
減価償却費	26,850	4,650	16,500	4,800	450	450
給　料	82,125	35,475	25,650	3,000	13,950	4,050
床面積関連費	6,300	2,100	2,100	1,050	600	450
その他	9,555	3,750	4,050	705	750	300
合計（B）	134,505	51,000	50,625	10,800	16,200	5,880
差異（額）（A－B）	0	0	0	0	0	0

Pryor, p. 154 にもとづいて作成

コストが本社の生産性の改善目標にもとづいて設定されるように，部門横断的なプロセスの見方が可能となる。付加価値を生み出さない活動に目が行き届くようになり，大部分の改善の機会が，この非付加価値活動に向けられる。手順4での資源コストの調整は，アウトプット法をとる。このプロセスにあって，

資源の支出の変動費化が起こる。加えて，未使用キャパシティの把握が確実におこなわれるのである。

なお，同様に ABB の手順を仮設の銀行の融資部門を設定するもとで例示するものに，ブリムソン＝アントス (1999) がある。それは，プライァのアウトプット法に対してインプット法をとる。また，ブリムソンとアントスが，予算を作り上げていく上で彼らがいう特性 (features) の概念を用いた原価計算 (feature costing) を合わせ考慮に入れる価値創造主導の ABB に主眼を置く点は特筆すべきであろう。補章に，ブリムソンとアントスによる ABB モデルを取り上げるものである。

5　弾力性予算の活動基準アプローチ

以上，ABB の手順を中心に検討した。ABC の予算編成への利用に焦点を当てるものであった。これに対して，ABB を予算管理の領域にまで拡張した議論が必要とされるのである。そのためには，当初の計画予算を実際の活動消費水準，すなわち実際の活動のアウトプットのもとで生ずるはずの活動原価に修正することが理論の上からも望まれる。弾力性予算の活動基準アプローチ (activity-based approach) とよばれるものが，これである。もとより，当初の計画予算通りに活動のアウトプットが実現することは滅多にない。したがって，当初の計画予算を実際の結果（活動の実際原価）に比較することは現実に意味をなさないのである。

1990 年代に入って，ABC が弾力性予算や差異分析にどのような効果をおよぼすかに関していくつかの提案や見解が発表されている。たとえば，クーパー＝キャプラン (1992) は，弾力性予算や差異分析の管理目的への必要性に否定的議論をおこなっている。その主たる理由は，多くの費用の支出は短期間で変動しないからである。これに対して，マルコム (1991)，マク＝ラシュ (1994)，ハンセン＝モーエン (1994, 1995, 2000) は，順応的な弾力性予算や差異分析を擁護する見解を表している。このうち，ハンセンとモーエンは，活動原価が固定

要素と変動要素から構成されることに特別な関心を置く。この点は，マクとラシュに強く影響をうけるものであり，弾力性予算の活動基準アプローチのより精緻化を試みている。以下ハンセンとモーエンの議論を中心にみていくことにする。

　ハンセン＝モーエン (2000) は，活動弾力性予算管理 (activity flexible budgeting) を以下のように定義する。それは，活動のアウトプットが変化するとき活動原価がどのようになるであろうかを予測し，活動の改善を計画しモニターするもの，と (p. 563)。このようなもと，原則として，各活動の変動費要素 (variable-cost component) は，必要のつど供給（投入）される資源（弾力性資源）に一致すべきであり，また各活動の固定費要素 (fixed-cost component) は，消費に先立って供給される資源（投入済資源）に一致すべきである，と主張する (p. 563)。そして，ハンセンとモーエンは，多元的公式法 (multiple formula approach) が，異なる活動消費水準のもとで原価はどうあるべきかをより正確に予測可能にすると考えるのである (p. 563)。ここでは，活動の固定費要素＋活動のアウトプット尺度で測定される実際の活動消費水準×変動活動レート，による弾力性予算原価が算定される。つぎに，この予算原価は，活動の実際原価と比較されるのである。

　しかし，こうした差異は，業績の評価には有用である一方で，どれだけの支出が浪費され，改善の機会がどこにあるかなどを必ずしも明らかにしない (p. 563)。ほかならぬハンセンとモーエンによれば，活動弾力性予算管理を採用することは，改善の機会や目標に関連するものでなければならないのである。顧みて，ここから，ハンセン＝モーエン (1994) は，固定活動原価 (fixed activity cost)（活動の固定費要素）と変動活動原価 (variable activity cost)（活動の変動費要素）のより詳細な分析を提案するのである (pp. 739-741)。

　固定活動原価の差異分析は，表4・6に示されるように，2つのパートからなる。パートAの操業度差異 (activity volume variance) は，実際に供給される活動水準と利用（消費）されるべき活動の付加価値標準量との差である。ある活動が非付加価値活動であると仮定するもとで，後者の活動の付加価値標準量

は0に等しいことをさす。そこで、ハンセンとモーエンは、このフレームワークの操業度差異が活動の非付加価値原価を表すものと特徴づける (pp. 739-740)。したがってまた、ハンセン＝モーエン (2000) では、この操業度差異は、活動の分析や管理によって可能である改善の額（大きさ）を測定する能力を提供する、と説明されることになる (p. 565)。

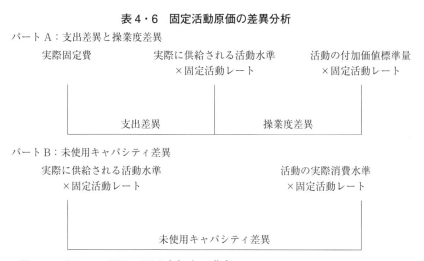

表4・6　固定活動原価の差異分析

Hansen and Mowen, 1994, p. 740 にもとづいて作成

これに対して、パートBの未使用キャパシティ差異 (unused capacity variance) は、実際に供給される活動水準と活動の実際消費水準との差であることがわかる。ハンセン＝モーエン (2000) では、この未使用キャパシティ差異は、操業度差異に示される可能な改善の額（非付加価値原価）に対して、これを削減するためになされる進展を測定するものであると説明される (p. 566)。

残るパートAの支出差異 (spending variance) は、価格差異 (price variance) と規定される (p. 740)。

とまれ、以上の操業度差異と未使用キャパシティ差異は、ハンセン＝モーエン (2000) では、活動キャパシティ差異 (activity capacity variances) を構成する

2つの差異計算としてひとくくりにされている。たとえばいま，当面の資源に対して品質改善プログラムが着手されてきたために未使用キャパシティが存在すると仮定しょう。ここでの資源の供給は，その消費より大きくなり，差異は一貫して期待できるようになる。このようなとき，究極の目標は，未使用キャパシティ差異が操業度差異に等しくなるようなときまで活動の需要（消費）を削減することである，と (pp. 565-566)。

　一方の変動活動原価の差異分析は，変動支出差異と変動能率差異とに分解される。表4・7に示される通りである。変動支出差異は，固定活動原価の差異分析のパートAの支出差異と同様に，価格差異であり，また変動能率差異は，活動の非付加価値原価である。

表4・7　変動活動原価の差異分析

Hansen and Mowen, 1994, p. 742 にもとづいて作成

　もとより，変動活動原価には未使用キャパシティ差異は存在しない。ハンセンとモーエンの説明を待つまでもなく，その資源は，必要のつど供給（投入）されることから，実際の消費は常に，供給される活動の実際量に等しいのである。このことが，変動活動原価の差異分析をより簡潔にするのである（Hansen and Mowen, 1994, p. 741）。

問　題

問題1

下表は，外資系損害保険会社の活動予算と伝統的予算とを比較したものである。ア～エに適当な数値を，オに当てはまる数値を示しなさい。

（単位：千円）

伝統的予算		活動	活動予算		活動原価
費用	予算		アウトプット当たりコスト	アウトプット量	
給　料	50,000	進捗の報告		20,000	
保険請求	15,000	初期のレビュー	ア	20,000	イ
家　賃	4,000	専門家からのレビュー		1,000	
消耗品費	6,000	アジャスターからのレビュー		2,000	
Ｐ　Ｃ	5,000	EOBの作成		20,000	
旅　費	3,000	チェックの作成	ウ	12,000	エ
コンサルティング費	7,000	質問への回答		10,000	
電　話	3,000	訴　訟		500	
	93,000	部門の管理			
					オ

問題2

　固定費であり，また製造間接費である大部分は実際には変動するものであり，これらの原価は，生産量に比例して変動するものではない。製造間接費を発生せしめるものは，取引であり，これがコスト・ドライバーとなる。これが，キャプランや

クーパーの基本的な考えであった。また，キャプラン達は長期的にみて，資源への支出は資源の消費量に従う傾向があるという資源消費モデルとしてのABC理論を重視する。ここから，キャプラン達は，具体的にABBは，そのきわめて有力な適用例であり，そのプロセスによってこれまで固定費と考えられてきた原価が変動費化されると一貫して説いてきている。この点について議論しなさい。

問題3

ABBの手順は，つぎのように表わされる。
① 製品やサービスの予測される需要の見積もり—手順1
② 予測される需要を満たすために実施される活動のアウトプット量の計算—手順2
③ 活動のアウトプット量を遂行するために必要とされる資源の量を決定—手順3
④ 実際に供給される資源コストへの変換—手順4

下表は，これらの各手順の実行を特徴づける内容のことがらをアウトプット法とインプット法に即して関連づけたものである。（ア）から（コ）に当てはまる用語を以下の用語群より選びなさい。

	手順1	手順2	手順3	手順4
アウトプット法			（オ）	（ケ）
	（ア）	（イ）（ウ）（エ）		
インプット法			（カ）（キ）（ク）	（コ）

用語群：①資源の調整，②資源コストの調整，③活動消費レート，④資源消費レート，⑤活動負荷量，⑥負荷量，⑦アウトプット当たり予算コスト，⑧資源単位当たり予算レート，⑨予算期間の生産量，⑩活動明細票

問題 4

K製造会社は，活動弾力性予算管理の採用にあたり，一連の活動に関わる多元的公式法を開発した。下表の通りである。

(単位：千円)

コスト・ドライバー：直接作業時間

	公　式	
	固定費	変動活動レート
直接材料	—	1
直接作業	—	0.8
		1.8

コスト・ドライバー：機械運転時間

	公　式	
	固定費	変動活動レート
保　守	2,000	0.55
動　力	1,500	0.20
	3,500	0.75

コスト・ドライバー：段取回数

	公　式	
	固定費	変動活動レート
段　取	—	180
検　査	8,000	210
	8,000	390

コスト・ドライバー：注文回数

	公　式	
	固定費	変動活動レート
購　入	21,100	0.1
	21,100	0.1

設問1

各コスト・ドライバーの実際の水準は，つぎのごとくである。

直接作業時間	10,000
機械運転時間	8,000
段取回数	25
注文回数	15,000

なお，ここで，実際の活動消費水準が，コスト・ドライバーの実際の水準に一致するものと仮定する。

これにより，以下に示される活動基準業績報告書を完成しなさい。

(単位：千円)

活　動	実際原価	弾力性予算原価	差　異
直接材料	10,200		
直接作業	7,900		
保　守	5,400		
動　力	3,000		
段　取	4,700		
検　査	12,500		
購　入	22,000		
計	65,700		

設問2

活動キャパシティ差異の分析は，各活動の固定費要素に対してもたれる。その理由について述べなさい。

124 第4章 ABB

また，以下の仮定にもとづいて，具体的に検査活動に対する活動キャパシティ差異について計算しなさい。固定検査費の8,000千円は，2人の検査員の給料であり，検査活動にとって消費に先立って供給される資源の期待コストである。ここで，各検査員は，20バッチの検査を能率的に実行することができるとしよう。よって，実際的キャパシティは，40バッチである。また，各バッチは，1回の段取を要すると仮定する。それゆえ，段取の回数がバッチの数に等しい。さらに，検査活動は，究極除去されることができる非付加価値活動であると仮定する（Hansen and Mowen, 1994, p. 739, Hansen and Mowen, 2000, pp. 564-566）。

設問3

設問2の仮定のもとで，検査活動の実際原価12,500千円のうち，変動費は4,300千円であったとしよう。119頁の表4・7に従って変動活動原価の差異分析を示しなさい。

補章 1

ブリムソンとアントスによる
ＡＢＢモデル

　ブリムソン＝アントス (1999) にもとづいて，仮設の銀行の融資部門について ABB の手順を例示する。

1　各製品の予測される需要の決定

　融資部門は，次年度に全体で 1,000 のローン件数を予測した。内訳は，以下の通り (p. 109)。

標準担保ローン	400
大型担保ローン	100
自動車ローン	500
	1,000 件

2　活動のアウトプット量の計算

　融資部門は，2人の融資課員と支店マネージャーからなる。融資部門は，以上の製品（ローンのタイプ）の需要を満たすために，次の5つの必要な活動を遂行する (p. 110)。

1. 電話相談（問い合わせ）への回答
2. 融資申し込みの獲得
3. 融資の査定（評価）
4. 担保の販売

5. 支店マネージャーによる融資課員と融資申し込み処理課員の管理

なお，2人の融資課員と支店マネージャーの年間の平均作業時間は，2,000時間と見積もられる。

これらの活動ごとのアウトプットの量をもとめるために，ここでは次のような見積もりにもとづく (p.111-114)。

① ローン1件当たり平均3回の電話相談を見積もり，これは，どのタイプのローンに対しても同じである。
② 新規のローン1,000件を得るためにいくらの申し込みを獲得しなければならないか。過去のデータによれば，標準担保の申し込みのうち約0.889件，大型担保の申し込みのうち0.909件，そして自動車ローン申し込みのうち0.926件が融資されている。よって，獲得すべき申し込み数は，つぎのように算定される。

標準担保	450	(400／0.889)
大型担保	110	(100／0.909)
自動車ローン	540	(500／0.926)
計	1,100	

当該銀行は，融資に関連する特性を考察する。融資申し込みの獲得活動にとって，融資間で異なる唯一の特性は，銀行が民間担保保険 (private mortgage insurance, PMI) の購入を命じるかどうかである。標準担保だけが，頭金が少額の場合PMIの購入を必要とする。融資申し込みの獲得活動は，PMIが要求される場合には，その申込を記録するのにわずか30秒だけ余分にかかるだけである。このため，融資課員は，PMIを必要とする融資申し込みをマークするために別個の活動をつくらないことにした。

③ 2人の融資課員と支店マネージャーは，1,100件の融資申し込みについて査定しなければならない。
④ 各支店で担保を販売する。標準担保は平均で100,000ドル，予算総額40,000,000ドル (400×100,000) である。ただし，販売には，10,000,000ドルのバッチで束ねられるため，4バッチとなる。大型担保は平均して

300,000ドル，予算総額30,000,000ドル（100×300,000），販売のために3,000,000ドルのバッチに束ねられ，これにより10バッチとなる。なお，当該銀行は，自動車ローンは販売しない。タスクは，標準担保と大型担保について同じである。それは，担保の購入者を確認することと，販売用の担保資料を作成することである。

以上より，活動ごとのアウトプット量は，表・1のようにとりまとめられる。

表・1 活動のアウトプット量

	標準担保	大型担保	自動車ローン	合計
	400	100	500	1,000 件
電話相談への回答	1,200	300	1,500	3,000 回
融資申し込みの獲得	450	110	540	1,100 回
融資の査定	450	110	540	1,100 回
担保の販売	4	10		14 バッチ
融資担当課員と申し込み処理担当課員の管理				

なお，支店には，融資部門とは別に融資申し込み処理を担当する部署が設けられている。この部は，2人の融資申し込み処理課員からなり，次の2つの主な活動をおこなう。1つは，融資部門によって申し込みの獲得を完了したローンに対する報告書類を手配する。標準担保と大型担保には信用履歴，不動産の所有権など4通，自動車ローンには信用履歴など2通がそれぞれ必要となる。これらの書類にもとづいて2人の融資担当課員と支店マネージャーが融資について査定する。もう1つの活動は，これによって承認された融資申し込みに対して資金配分をおこなうものである (p.124)。

3 資源の必要量の決定

ステップ2で見積もられた活動のアウトプット量を遂行するために必要とされる資源の量を計算するステップである。ここでは，資源の必要量の決定は，負荷量予算としてとりまとめられる。とりわけ，融資部門と融資申し込み処理部とはその分析アプローチを異にする。融資部門は，活動が消費する資源を作

業時間（hours worked）にもとめ，これを活動のアウトプット量に乗じる分析アプローチをとる。ABB 基本モデルにおける資源消費レートを活動のアウトプット量に乗じる方法が，これであった。

これに対して，融資申し込み処理部は，最終的に FTE（full-time equivalent）を調査する分析からのアプローチをとる。ここに FTE とは，資源がフルタイム勤務の正規の担当課員1人に換算して何人分に相当するものであるかを示す基本単位をいう（p.126）。

以下，まず融資部門の負荷量予算をとりまとめるために，次のような見積もりを仮定することにする（pp.110-114）。

① 融資課員による電話相談の回答は，1回当たり平均15分を必要，よって作業負荷量は，750時間（15×3,000／60）を得る。

② 融資申し込みの獲得は完了するまでに平均2時間を要し，申し込み獲得総負荷量は2,200時間（1,100×2）となる。

当該銀行は，異なるタイプの融資に関連した特性を探求したところ，標準担保と大型担保とに関連する特性は，自動車ローンにないものがあることが判明した。たとえば，自動車ローンの評価には，与信歴や所得などを見る必要がある。一方，担保ローンの評価には，その他に鑑定額，測量値，財産所有権の諸点も必要である。こうした担保を評価するための特性は，自動車ローンと比べて重要で余分な時間を必要とする。以下の通りである。

③ 2人の融資課員と支店マネージャーによる担保の査定は，それぞれ平均0.893時間かかり，その作業負荷量は，融資課員1,000時間（(450+110)×0.893×2），マネージャー500時間（(450+110)×0.893×1）である。自動車ローンについては，平均0.463時間，同様にして作業負荷量は，融資課員500時間（540×0.463×2），マネージャー250時間（540×0.463×1）である。

前述されるように，各支店は，自らの担保を販売する。標準担保と大型担保とではタスク（担保の購入者の確認など）は同じであっても，標準担保に対してよりも大型担保を販売するタスクのほうが長い時間を要することが分かっ

た。すなわち，

④ 担保の販売については，標準担保は1バッチ当たり約50時間（1件当たり0.5時間）かかり，よって標準担保販売の作業負荷量は200時間（(50×4) あるいは (0.5×400)) である。同様に，大型担保は1バッチ当たり約30時間（1件当たり約3時間），よって大型担保販売の作業負荷量は300時間（(30×10) あるいは (3×100)) となる。

⑤ 支店マネージャーによる融資課員と融資申し込み処理課員の管理は，それぞれ200時間を必要とする。

以上の仮定にもとづくとき，融資部門の負荷量（資源必要量）予算は，表・2のごとくとりまとめられる。

表・2 融資部門の負荷量予算

活 動	負荷量	
	融資課員	マネージャー
電話相談への回答	750 時間	
融資申し込みの獲得	2,200 時間	
融資の査定		
担保ローン	1,000 時間	500 時間
自動車ローン	500 時間	250 時間
担保の販売：		
標準担保		200 時間
大型担保		300 時間
融資課員の管理		200 時間
申し込み処理課員の管理		200 時間
合　　計	4,450 時間	1,650 時間
利用可能時間	4,000 時間	2,000 時間

Primson and Antos, p. 115 を一部修正

次に，既述されるように，融資申し込み処理部は，作業時間当たり予算レートを計算する代わりに，FTE を調査し，負荷量予算を立てることを決めている。つまり，融資申し込み処理課員は，彼らの業務が FTE で分析されることを好むのである。これは，すべてを作業時間で調べようとする融資部門とは，明らかに異なるアプローチである。以下のごとくである (pp. 124-127)。

融資申し込み処理部の最初の活動，報告書の手配は，担保対自動車ローンの申し込みで異なる特性をもつ。

① 560（450＋110）の担保ローンの申し込みは，4通の報告書類の手配にそれぞれ15分を要し，よってその作業負荷量は560時間（(560×15×4)／60）である。540の自動車ローン申し込みは，2通の報告書に同様に15分を要し，負荷量は270時間（(540×15×2)／60）である。結果，報告書類の手配の総作業負荷量は830時間（560＋270）となる。それは，0.415（830／2,000）申し込み処理課員FTEに等しい。

ここで，年間平均作業時間は，融資課員や支店マネージャーと同様に2,000時間と見積もられる。

以上に対して，別の方法は，特性の概念を利用することである。ここでは，報告書類を手配するのに同じ時間（15分）を要すると仮定する。担保ローン当たりの予算時間は，1時間（15×4），自動車ローンは30分（15×2）を要し，平均で45分である。担保の予算時間は，平均を33％（60／45）超えており，また，自動車ローンは平均の66.67％（30／45）未満である。これにより，銀行は，負荷量を新たに計算できる。つぎの通りである。

$$\begin{array}{r} 560 \quad (560\times 45\times 1.333) \\ \underline{270} \quad (540\times 45\times 0.6667) \\ 830 \quad 時間 \end{array}$$

明らかに，特性の概念を利用することによって，組織は1つの活動（報告書類の手配）のみを用いることが可能になる。

融資申し込み処理部のもう1つの活動，資金配分は，承認された融資申し込みに対するもので，銀行は全体で1,000件を予測し，そのうち500は自動車ローン，400は標準担保，100は大型担保であった。

② 担保ローンは担保のタイプにかかわらず，手続き完了までに3.2時間を要する。よってその負荷量は1,600時間（500×3.2）となる。これは0.80（1,600／2,000）申し込み処理課員FTEに等しい。自動車ローンについては，1時間，よって負荷量は500時間（500×1），FTEは0.25

(500／2,000)である。担保ローンの資金配分は，より法制上の書類が必要なため，自動車ローンよりも多くの時間を要する。

なお，標準担保の特性の1つは，少額の頭金をもつ低所得者層の融資申し込み者に対してPMIの購入を要求することであった。

③ 融資課員は，400標準担保のうち半数（200）がPMIの購入を必要と推定する。融資申し込み処理課員はその処理に2時間の見積もりを設定，それ故，PMI全体は400（200×2）の総負担料となり，0.2（400／2,000）の申し込み処理課員FTEを生じる。

以上より，融資申し込み処理部の負荷量予算は，表・3のようにまとめられる。

表・3　融資申し込み処理部の負荷量予算

活　　動	負荷量（FTE）
報告書類の手配	.415
資金配分	
担保ローン	.80
自動車ローン	.25
PMI処理	.20
合　　計	1.665

Brimson and Antos, p. 128

さて，こうしてもとめられた資源の必要量は，実際に供給可能な資源量でなければならない。手順上，必要とされる資源の量に実際に供給可能な資源量を比較する必要がある。ほかならぬ調整のプロセスを伴うのである。

表・2からは，融資課員の総作業負荷量（4,450時間）は，2人の利用可能な時間（4,000時間）を超えるものであることが分かる。負荷量450時間（4,450−4,000）の能力が必要となる。一方で，支店マネージャーは，総負荷量（1,650時間）を超えた利用可能な作業能力を持っている。業務改善などを検討した後，両者の間で，支店マネージャーが若干の融資申し込みの獲得業務に携わることで合意に達した。つまり，マネージャーが融資課員の申し込み獲得業務を支援するためにこの450時間の能力を自らの予算に組み入れるというものである。この分，融資課員の融資申し込み獲得の負荷量予算から450時間

(2,200-450) が除かれることになる。

今支店マネージャーは，2,100時間（1,650＋450）の作業をおこなうことになる。ここで，100時間は超過勤務時間に回される (pp. 115-116)。表・4は，この調整を終えた融資部門の修正負荷量予算を表す。

表・4　融資部門の修正負荷量予算

活　　動	負荷量	
	融資課員	マネージャー
電話相談への回答	750 時間	
融資申し込みの獲得	1,750 時間	450 時間
融資の査定：		
担保ローン	1,000 時間	500 時間
自動車ローン	500 時間	250 時間
担保の販売：		
標準担保		200 時間
大型担保		300 時間
融資課員の管理		200 時間
申し込み処理課員の管理		200 時間
合　　計	4,000 時間	2,100 時間
利用可能時間	4,000 時間	2,100 時間

（超過勤務時間　100）

Primson and Antos, p. 116 を一部修正

同様に，表・3 からは，融資申し込み処理部の総負荷量予算は 1.665FTE で

表・5　融資申し込み処理部の修正負荷量予算

活　　動	負荷量（FTE）
報告書類の手配	.415
資金配分	
担保ローン	.80
自動車ローン	.25
PMI 処理	.20
小　　計	1.665
雑 活 動	.335
合　　計	2.000

Primson and Antos, p. 129 を一部修正

ある。融資申し込み処理部の2人の融資申し込み処理課員は，彼らの余っている時間をとりあげるために種々多様な活動を始める必要があることを痛感する。ここから，支店マネージャーと融資申し込み処理課員は，この0.335FTEをこれら種々多様な活動に充てることに決めた (p. 128)。結果は，表・5のように調整を終えた融資申し込み処理部の修正負荷量予算に示される。

4 実際に供給される資源コストに変換

手順4は，以上の必要とされる資源量を実際の資源コストに変換するステップである。具体的に，各活動ごとに各費用項目の予算を割り当てることになる。ここでは，給料手当，賃借料，設備費，消耗品費及び電話代という伝統的な予算費用が活動別に編成される。

融資部門と融資申し込み処理部とでは，予算の手順上，その分析アプローチを異にする。融資部門の各費用予算は原則，負荷量に作業時間当たり予算レートを乗じる。これに対して，融資申し込み処理部の各費用予算は，FTEによる負荷量にFTE当たり予算レートを乗じるのである。

まず，作業時間当たり予算レートについて，次のような仮定が設定される (pp. 116-120)。

① 融資課員と支店マネージャーの年間給料・手当はそれぞれ40,000ドルと50,000ドルである。よって，それぞれの作業時間当たり予算レートは，20ドル (40,000/2,000)，23.81ドル (50,000/2,100) である。

　融資部門は，以下の賃借料，設備費及び電話代などのすべての費用は作業時間にもとづいて予算を立てることが有益であると信じている。したがって，融資課員と支店マネージャーという各ポジションごとに予算レートを展開することになる。

② 床面積1平方フィート当たり年間20ドルの賃借料を支払う。融資部門の平方フィート総数は600で，2人の融資課員と支店マネージャーに等しく割り当てられる。よって1人当たり200平方フィート，総予算は12,000ドル (600×20) で，1人当たり賃借料4,000ドルである。融資担

当課員とマネージャーそれぞれの作業時間当たり予算レートは，2.00ドル（4,000/2,000），1.905ドル（4,000/2,100）となる。

③ 次年度の設備費予算（減価償却費やコンピュータ費を含む）は30,000ドルと見積もられる。1人当たり予算は10,000ドル，よって融資課員と支店マネージャーそれぞれの作業時間当たり予算レートは，5.0ドル（10,000/2,000），4.76ドル（10,000/2,100）である。

④ 電話代予算は1人当たり600ドルと見積もられる。よって0.3（600/2,000）と0.286（600/2,100）とがそれぞれ融資課員とマネージャーの作業時間当たり予算レートである。表・6は，以上の作業時間当たり予算レートをまとめたものである。

表・6　作業時間当たり予算レート

(単位：ドル)

	融資課員	マネージャー
給料・手当	20	23.81
賃借料	2.00	1.905
設備費	5.00	4.76
電話代	0.30	0.286

こうして，活動ごとの種々の費用要素が予算化され，融資部門は，活動ごとの総予算コストをもとめるためにこれらのすべての予算費用要素を合計することができる。それはまた，融資部門のすべての活動を遂行するために必要とされる資源の総予算コストを決定できるものである。

表・7は，融資部門の予算表を表わしたものである。なお，消耗品費予算は例外で，融資部門の消耗品費予算は融資申し込みの獲得の活動にのみ組み込まれる。申し込み件数につき1ドル，よって消耗品費予算は，1,100ドル（1,100×1）である (pp. 119-120)。また，長距離通話料は，主に本社と担保を販売するために設定される。過去の経験で，本社への毎日のコール，1日当たり10ドル，240コール，2,400ドル（10×240））と投資家への週当たり10ドル，50コール，500ドル（10×50）である (p.121)。

表・7　融資部門のABB

（単位：ドル）

	負荷量	給与・手当	賃借料	設備費	消耗品費	電話代	長距離電話代	小計	合計
電話相談への回答	750	15,000	1,500	3,750		225		20,475	20,475
融資申し込みの獲得：									
	1,750	35,000	3,500	8,750	1,100	525		48,875	
	450	10,714	857	2,143		128		13,842	62,717
融資の査定：									
担保ローン	1,000	20,000	2,000	5,000		300		27,300	
担保ローン	500	11,905	953	2,381		143		15,382	42,682
自動車ローン	500	10,000	1,000	2,500		150		13,650	
自動車ローン	250	5,952	476	1,190		72		7,690	21,340
担保の販売：									
標準担保	200	4,762	381	952		57	400	6,552	
大型担保	300	7,143	571	1,428		86	100	9,328	15,880
融資課員の管理	200	4,762	381	953		57	2,400	8,553	8,553
申し込み処理課員の管理	200	4,762	381	953		57		6,153	6,153
総予算	6,100	130,000	12,000	30,000	1,100	1,800	2,900		177,800

Primson and Antos, p. 122

一方，FTE当たり予算レートについては，次のとおりである（pp. 128-130）。

① 融資申し込み処理課員の年間給与・手当は1人当たり30,000ドルである。

② 融資申し込み処理課員2人の平均フィート総数は400, 1人当たり200平方フィートとなる。1平方フィート当たり年間20ドルの賃借料のとき，FTE当たりレート4,000ドル（200×20）である。

③ 次年度の設備費予算は20,000ドル，1人当たり予算は10,000ドルであ

る。
④ 融資部門と同じく，電話代の予算割り当ては1人当たり600ドルである。

表・8は，FTE当たり予算レートをまとめたものである。

表・8　FTE当たり予算レート

給料・手当	30,000
賃借料	4,000
設備費	10,000
電話代	600

以上，融資部門の予算表と同様に，活動ごとの種々の費用要素が予算化され，融資申し込み処理部は，活動ごとの総予算コストをもとめるためにこれらのすべての予算費用要素を合計することができる。こうして，融資申し込み処理部のすべての活動を遂行するために必要とされる資源の総予算コストを決定できるのである。表・9は融資申し込み処理部の予算表を表わしている。なお，消耗品費予算が，融資申し込み処理部については，資源の融資（配分）の活動にのみ組み入れられる。承認されたローン1件につき5ドル，よって消耗品費予算は，担保ローン2,500ドル（(400+100)×5），自動車ローン2,500ドル（500×5）である (p.130)。

表・9　融資申し込み処理部のABB

(単位：ドル)

	負荷量	給与・手当	賃借料	設備費	消耗品費	電話代	合計
報告書類の手配	.415	12,450	1,660	4,150		250	18,510
資金配分：							
担保ローン	.80	24,000	3,200	8,000	2,500	480	38,180
自動車ローン	.25	7,500	1,000	2,500	2,500	150	13,650
PMI処理	.20	6,000	800	2,000		120	8,920
雑活動	.335	10,050	1,340	3,350		200	14,940
総予算	2.00	60,000	8,000	20,000	5,000	1,200	94,200

Primson and Antos, p. 131.

問 題

問 題

補章1に取り上げたブリムソンとアントスのABBモデルについて以下の設問に答えなさい。

設問1

以下のブリムソンとアントスのABBモデルに関する記述の中で，（ア）～（オ）に当てはまる用語を下記の用語群から選びなさい。

ABBは，より理論的な予算編成アプローチである。伝統的な予算は，賃金，設備，機械，消耗品などの（ ア ）からなる予算を明示する。これに対して，ABBは，（ ア ）よりも部門（コスト・センター）の種々の（ イ ）を明確に示すものである。重要なことは，コスト要素よりも（ イ ）ないしビジネス・プロセスを通して思考することである。伝統的予算は，たとえば売上高が増減するにつれて，しばしば予算を増減することを基礎にする。これに対して，ABBは，（ ウ ）にもとづくのである。ABBは，究極，企業価値を創造するツールとして用いられる。ここで，管理者は，（ ウ ）をこうした価値を効果的に誘導する計画のためのキーとして考察する必要がある。そして，そのためには，（ イ ）ごとの予算編成をおこなう上で，（ イ ）との関連で異なるタイプのタスクや取引の（ エ ）を考察することが有益であるとみなされる。それは，タスクや取引を遂行するために必要な，たとえば直接作業時間といった消費資源に反映し，つぎに（ ウ ）の算定に組み入れられる。また，FTEにも考慮に入れられる。 最終的に，（ オ ）のプロセスを通して（ ウ ）の再配分がおこなわれる。このようにして，（ エ ）の概念を利用したABBは，価値の創造に貢献するのである。

用語群：①調整　②資源　③特性　④活動　⑤負荷量
　　　　⑥修正　⑦消費

補章1　ブリムソンとアントスによるABBモデル

設問2

　ブリムソンとアントスのABBモデルは，ABBによる予算を作り上げていく上で特性の概念の考察を重視する原価計算の方法を組み入れる。この特性の概念を利用することが何故有益なのかを議論しなさい。

設問3

(1)-イ　表・7の融資部門のABBの「電話相談への回答」活動の予算が算定されるプロセスを示しなさい。

(1)-ロ　融資部門のABBにおける「給料・手当」の予算内容をもとめなさい。

(2)-イ　表・9の融資申し込み処理部のABBの「報告書類の手配」活動の予算が算定されるプロセスを示しなさい。

(2)-ロ　融資申し込み処理部のABBにおける「給料・手当」の予算内容をもとめなさい。

第5章

TDABC

　1980年代にABCが導入されたのは，伝統的原価計算システム（標準原価計算システム）の重要な欠陥を修正するものであった。製品原価に占める直接労務費の構成が，オートメーションや産業エンジニアリングの急速な進歩による能率増進を通して大きく減少した。それにつれて，幾分恣意的な配賦，すなわちアロケーションによって賦課される間接費の割合は，20世紀中継続的に上昇し続けた。くわえて，多くの企業は，大量生産戦略から顧客により多くの品種，特徴および選択を提供する多品種少量戦略へと移行した。

　こうした顧客志向戦略は，多品種製品の生産と在庫，小ロットサイズの生産と配達，顧客の最終目的地への直配，専門化した技術上の対応支援などのサービスを提供することによって，企業を魅力あるものとし，維持し，成長させるものとなった。これらのサービスは，顧客間に価値とロイヤリティーを創造したが，無論タダでは生じなかった。より拡がる多品種，新たな選択，特徴およびサービスを提供するためには，会社は，エンジニアリング，スケジューリング，受取，保管，検査，段取，マテハン，梱包，物流，受注処理，マーケティングおよび販売といった間接支援への資源を投入しなければならなかった。また，会社がより多くの製品ライン，顧客，チャンネルおよび地域で多角化し，またより専門化した特徴とサービスを提供するにつれて，間接費は，相対的かつ絶対的に増加したのである（Kaplan and Anderson, 2007a, p. 6）。

　1980年代には，'75年以前の科学的管理運動中に設計された標準原価計算システムは，最早当時の経済的現実を反映しなかった。会社は，受注，製品や顧客の収益性について歪んだ情報を持って日々の業務をおこなっていた。たとえば，伝統的原価計算システムは，すべての顧客が収益をもたらしているもので

あったことを示すかもしれないが、経済的現実は、少数の顧客が利益の150%と300%の間を稼いでおり、収益をもたらさない顧客との関係が利益の50%から200%の損失を出していたのである (Kaplan and Anderson, 2007a, p. 6)。

このような中、ABCは、伝統的原価計算システム（標準原価計算システム）による不正確な間接費の配賦を一見解決した。管理者達は、プロセス改善、受注の可否、価格設定、顧客との関係に関するよりよい意思決定をおこなうために、より正確なABC情報および収益性情報を利用するようになった。その意思決定は、製品や顧客の収益性に短期的、持続可能な改善を導いた。まさしく、ABCは、すべての収益源が収益を稼ぎ出すとは限らず、また、すべての顧客が収益をもたらす顧客であるとはかぎらないことを管理者達に明らかにしたのである (Kaplan and Anderson, 2007a, p. 7)。

以上が、キャプラン＝アンダーソン (2007a) によって著されるABCの歴史的経緯の要旨である。しかし、彼らが一見というようにABCの魅力的かつ価値ある提案にもかかわらず、ABCがあまねく受け入れられることはなかった。米国のいくつかの調査研究もABCの低い採用率を指摘するものが多く、ABCの導入はさほど進まなかったのである。

それでは、そこにはどのような問題点（欠点）があったのであろうか。以下、主としてキャプランとアンダーソンによって議論されるABCの問題点を整理することから本章をはじめよう。

1　ABCの問題点

キャプラン＝アンダーソン (2007a) は、ABCの採用や導入に失敗し、そのツールを放棄した理由として行動上、組織上の抵抗 (resistance) をあげている (p. 7)。たとえば、より正確な製品原価をめざした当初のABCが新しい理念、理想をともなうことに対して示される抵抗がそれである。すなわち、多くの組織の原価を変動費としてとりあつかうこと、また収益をもたらさない顧客の存在あるいは可能性を認めることが一見過激であったのである。このうち、前者

は，ABCでは，伝統的な原価計算と比べて跡付け可能性が大幅に増え，間接費の直接費化，これによる多くの固定間接費の変動費化が進むと唱えられたことである（田中，1997，256頁，伊藤，2007，25頁）。すべての原価を基本的かつ長期的には変動費とみることは，営業量（コスト・ドライバー）の変化に対して変動費と固定費に大別する伝統的な考えからはより刺激的でまた法外に映るのである（廣本，2008，504頁）。このことはまた，固定費の多くが回避可能とみなされる考え方にもとづくことによって，その多くを管理不能とみなしてきた伝統的な原価分類からも同様にいえるのである（伊藤，2007，25頁）。

　一方，後者の収益をもたらさない顧客の可能性を認めることは，収益性の低い顧客や製品を切り捨てることにほかならない。こうした抵抗は，もとより，短期的な利益の追求に走りがちな米国の企業にあてはまるもので，日本の企業にただちにとられる経営慣行上の行動ではないといわれる（櫻井，1991，94頁）。

　以上のABCの理念（理想）に示された抵抗は，確かに重要な理由であろう。しかしながら，キャプラン達には，それが，当面のABCが置かれている現状，つまりABCの低調な普及を説明するうえでかならずしも決定的とは言えなかったと考えられる。たとえば，ここでは，つぎのような議論が参考になろう。ABCが組織の原価を長期変動費と提起し，固定費の管理の在り方をめぐる議論も，伝統的な営業量との関係で定義される原価態様を否定するのみで，現実の複雑な原価態様を正確に描写したものではなかった。そのためか，この種の議論はいつしかABCのメインストリームから消えることになった（伊藤，2007，25頁）。

　かわって，キャプラン達の主たる関心は，ABCの実践上の問題にむけられる。多くの企業が，ABCシステムが調査に多くの時間を要し，データ処理に厖大な費用をついやすために，ABCを完全に放棄したり，システムの更新を中止した。キャプラン達は，こうした事例が，ABCを採用し維持することに対する行動上，組織上の抵抗に直面するものであり，そのほとんどが合理的でかつ正当な理由があったという (p. 7)。コスト増と従業員のストレスの前にあえなく頓挫したケースが実に多かったというのである（Kaplan and Anderson, 2004, p.131)。

　顧りみて，こうして，キャプラン＝アンダーソン（2004）は，ABCの問題点をその実践，すなわち伝統的にABCが構築されてきた方法（やり方）のなかにこそひそむものであり，そこにルーツがあると考えるのである。キャプラン達の議論は，企業が直面した事例をもとに整理されるのが特徴であり，ある顧客サービス部門を設定し，分析する。ABCが構築されるやり方は，まず，（ABCチームが）管理者や従業員にどのような活動をおこなったかをインタビューすることからはじまる。「注文処理」，「問い合わせへの対応」と「与信審査」の3つの活動を確認，その総原価（人件費，管理費，IT，通信費，その他固定費）は560,000ドルである（p.131）。

　つぎに，従業員にどの活動にどの程度時間を費やしたかをインタビューや調査で明らかにする。キャプラン達は，ABCを実施するうえでこのプロセスが最も時間を必要とし，従業員にとっても回答が困難な部分であるという（Kaplan and Anderson, 2007a, p.9）。つぎのごとくである。典型的には，従業員から，「私が昨日何をしたかという意味ですか」と質問される。それに対する（インタビュアーの）応えは，「そうではないのです。この3ヶ月ないし6ヶ月間のことを考えてください。そして，顧客注文の処理，顧客からの問い合わせや苦情の直接処理，および与信審査の報告書の調査や維持のそれぞれに費やした時間の割合を推定してみてください。」ということである。この3つの活動間に費やされた実際の時間の組み合わせを観察するのに数週間をかけない限りは，このような従業員の主観的時間配分が現実に正当なものかを判断はできないであろう，と強調する（p.131）。

　こうした困難をともなう中，従業員たちが，彼らの作業時間のうち，注文処理は約70％，問い合わせまたは苦情への対応は10％，与信審査は20％であると報告したと仮定しよう（p.131）。これによって，当該部門の総原価（560,000ドル）は，これらの時間の構成割合にもとづいて3つの活動に配分されることになる。

　つづいて，これら3つの活動の四半期ベースでの実際の業務量，つまり活動

量に関する資料を集収する。いま，注文処理が49,000件，問い合わせへの対応が1,400件，与信審査が2,500件であると仮定される (p. 131)。ここで，キャプラン達が，単純化にむけて，次のような仮定を追加していることに注意しよう。すべての顧客からの注文は，その処理に同じ資源（時間）量を要し，すべての顧客からの問い合わせは，同じ時間の量を必要とする。同様に，各顧客の与信審査も同じ努力の水準を必要とするというものである (Kaplan and Anderson, 2007a, p. 9)。

以上，活動量が知られ（また予測されるならば），活動1件当りの費用は，注文では8ドル，問い合わせへは40ドル，与信は44.8ドルとなる。これらは，キャプラン達によって一貫してコストドライバー・レートとよばれるもので，コストドライバー・レートは，顧客が部門のサービス活動をどれぐらい利用したかに応じて部門の資源の原価を配賦するために用いられる。すなわち，部門の資源の原価を当該サービス活動を利用する顧客（製品）に跡づけることができるのである (p. 131)。

表5・1は，顧客サービス部門の四半期についての伝統的なABC分析を示したものである。厳密には，表5・1では，顧客がサービス活動を利用した件数は省かれている。したがって，この顧客への活動別原価プールの割り当てである具体的なABCの第2段階の手続きは省略されている (福田，2009, 130頁)。

表5・1 伝統的なABC分析

（単位：ドル）

活　動	時間の構成割合（%）	配賦原価	活動量	コストドライバー・レート
注文処理	70	392,000	49,000	8
問い合わせへの対応	10	56,000	1,400	40
与信審査	20	112,000	2,500	44.8

Kaplan and Anderson, 2004, p. 132

さて，キャプラン達は，以上の例示にみられるような単一の部門のように，適用が限定される場合にはうまく機能するという (p. 131)。しかしながら，こうした伝統的なABCをある大規模の組織において継続ベースで展開すると，

問題が生じてくるという。例えば，ある大手銀行の証券仲介部門でのABCによるデータ収集のプロセスは，100以上の施設の70,000人もの従業員たちに月ごとの彼らの業務時間の配分の報告を提出させるよう要求した。さらに，そのデータ収集，調査，報告を管理するためだけに14人の従業員をフルタイムで雇ったのであった (p. 132)。

このようにして，キャプラン達は，ABCを大きな規模で構築し，維持するための莫大な時間とコストがその導入を阻む大きな障害になると主張する。また，一旦導入されたシステムの更新も（再インタビューや再調査のコストをともなうため）ままならず，製品や顧客の原価のモデルの見積もりはすぐ不正確になってしまうという (p. 132)。正しく，ABCシステムは，構築に費用がかかり，維持のためには複雑で，更新，修正には困難をともなうのである (Kaplan and Anderson, 2007a, p. 7)。これは，キャプラン達が組織上の抵抗を合理的かつ正当な理由とみるゆえんである。

キャプラン達はまた，管理者達が，従業員の時間配分の主観的見積もりにもとづくコストドライバー・レート，したがってまた原価配賦の正確性を問題にしたことに注目する。すなわち，従業員による時間配分が彼らの最善の努力でも避けられなかった測定エラーはともかく，従業員がそのデータがどのように利用されるものなのかを予期してそこにバイアスを持ち込み，また歪めてしまうことがあるのである。このような場合，本来ならば管理者達は，不能率な業務をいかに改善し，収益をもたらさない製品や顧客をどう変更し，また過剰なキャパシティにいかに対応するかを検討すべきところを，モデルからの見積もりコストや収益性の正確性について終始議論したのである (p. 132)。

さらに，キャプラン達は，多くの管理者に追加的な心配が生じるという。それは，ABCモデルには多くの活動が含まれるけれども，モデルは実際の業務の複雑性 (complexity) を捉えるにたるほど十分に正確ではなかったことである (p. 132)。ここで，キャプラン達は，「顧客への注文」を例に説明する。企業は，注文1件にかかる原価を一定と想定することよりもむしろ，1つの注文をトラック1台分で配送するのか，それに満たない量の場合夜行列車を使うの

か，または運送業者に運ばせるかで異なったコストを識別することを望む。さらに，注文システムへの入力が手動か，電子入力にするか，そしてそれが標準取引か，急ぎを要する取引であるかもしれない。こうした多種多様な配送配備（注文方法，入力方法）により必要とされる資源の著しい変化に対応するためには，新しい活動がモデルに追加されねばならず，それによってさらに複雑性は拡大することになる。従業員たちは再びインタビューされ，より広汎かつ複雑な活動の組み合わせを横断する形で彼らの作業時間を見積もるようもとめられる。このような時，原価の配賦は，より主観的でより不正確とさえなるのである (p. 132)。

さらにまた，キャプラン達は，ABCシステム設計者にとって実施される活動の詳細を反映させるために，あるいはまたモデルの範囲を全社に拡張するいずれかのために活動目録（辞書）(activity dictionary) を拡大する必要が生じるという。ここでは，データを蓄積し処理するために用いられるコンピュータ・プログラムの需要は，非線型にエスカレートする。たとえば，ある企業は，全社規模のABCモデルで150の活動を用い，その原価を約60万個の原価対象に割り当て，このモデルを2年間毎月運用するとしよう。このとき，20億以上のデータの見積もり，算定，保存が必要となるのである。こうした拡張は，多くのABCシステムをしてマイクロ・ソフト・エクセルはもとより，多くの商業用ABCソフトウェア・パッケージの容量を超える原因となったのである (p. 132)。

のみならず，ABCソフトウェア・ソリューションを全社的企業規模のモデルに拡大することが困難となったことから，キャプラン達は，企業ないし彼らのコンサルタントが，個々の工場や事業所ごとに独立したモデルを構築するようになるという。しかし，モデルの拡散によって，企業はコストや収益性をホリスティックな観点から考慮することができなくなった。また，改善が漸次的かつ部分的（局所的）にとどまった。結局，こうしたサイロ化したABCモデルからのベネフィットは，モデルを維持し，運用するための高いコストを正当化するものではなかったのである (p. 132)。

とまれ，キャプラン達は，以上の見積もりやデータの処理にかかわる困難な問題（といった心配）は，大抵の ABC 実施に携わる人びとに自明なことだったという。そのうえで，キャプラン達は，微妙でかつ深刻な問題が，従業員とのインタビューやそのプロセス自体から生じる点に注意を喚起する。以下のごとくである。

一連の活動にどれほどの時間を費やしたかを従業員自身に見積もらせるとき，彼らは常に合計で100％になるよう構成割合を報告する。ほとんどの従業員が，彼らの費やした時間の主な割合が怠惰で未使用であったと報告することはなかったのである。それ故，このように，ほとんどの ABC システムのコストドライバー・レートは，資源がフル・キャパシティで稼働しているという前提の下で計算されている。しかし，作業業務は，資源のフル・キャパシティを著しく下回るのが実際である。このことは，見積もられたコストドライバー・レートが通常余りに高いことを意味する (p. 132)。

ちなみに，キャプラン達は，稼働率の逆数の分だけ過大評価されると数値を用いて証明している。稼働率が80％の場合，コストドライバー・レートは25％高く，稼働率が67％の場合，コストドライバー・レートは50％高く算定される (p. 132)。ごく簡単に（単位省略），仮に資源コストが100，活動量が20とするならば，コストドライバー・レートは5である。このもとで，稼働率が80％の場合，資源コストは80で，レートは4となる。稼働率が67％の場合，資源コストは67で，レートは3.35となる。よって，それぞれの場合，25％（$(5-4)/4 \times 100$），50％（$(5-3.35)/3.35 \times 100$）と高く算定される。これにより，キャプラン達は，ABC のコストドライバー・レートは，実際的キャパシティで計算すべきであり，未使用キャパシティの可能性を明確にする必要性を強調する (Kaplan and Anderson, 2007a, p. 8)。

以上，キャプランとアンダーソンによって議論された ABC の問題点についてみてきた。それはまさしく，実践上の問題，伝統的に ABC が構築されてきた方法を蒸留するものであった。整理すると，まずは，総括的に，とくに大規模かつ継続的に実施する場合，ABC モデルの構築や維持は，膨大な時間とコ

1 ABCの問題点

ストを必要とする。のみならず，ABCの実施に携わる従業員をはじめ，管理者，システム設計者，企業のコンサルティングなどの立場から特有の問題が指摘される。管理者は，主観的要素の介在，またモデルが業務の複雑性をとらえることに失敗することから，原価配賦の正確性について疑い，且つ懸念を示す。システム設計者は，データの蓄積や処理などの作業が増加すること，一方企業のコンサルティングは，ABCモデルからの効用がモデルを維持し運用する高いコストを正当化できなくなったと提起する。そして，より深刻なことは，従業員による資源を最大限に活用しているという報告にもとづくとき，ABCモデルが未使用キャパシティの可能性を無視することである。

以下は，キャプラン達自身による，伝統的ABCを実施するさいに出くわす問題点として要約されるものである (Kaplan and Anderson, 2007a, p. 8)。
- インタビューと調査のプロセスには，時間を消費し，より資金を要する。
- ABCモデルのデータは，主観的で正当化には困難である。
- データの蓄積，処理および報告には費用がかかる。
- 大抵のABCは，局所的で全社的収益機会の統合的な見方を提供できていない。
- ABCモデルは，変化する環境に適応して容易に更新できないでいる。
- ABCモデルが未使用のキャパシティの可能性を無視する場合，モデルは理論的に不正確である。

ここに，これらの問題点に対する解決が問われる。それは，キャプラン達の議論の流れからみてしごく当然であった。しかし，その解決はそのABC概念を放棄することではなく，むしろ伝統的ABCの役割機会を強調し，ABCに再挑戦すべきである，というのがキャプラン達のスタンスであった (Kaplan and Anderson, 2004, p. 132)。こうして，キャプランとアンダーソンは，彼らがTDABC (Time-Driven Activity-Based Costing, 以下TDABCと略称する) と呼ぶ，時間主導型のABCアプローチを提唱するのである。

以下，キャプランとアンダーソンによるTDABCについて要約し，TDABCのツールないしツール性をとりあげたのち，TDABCの革新性について検討を

試みることにする。

2 TDABCの要約

キャプランとアンダーソンによれば，TDABCは，資源コストを活動に割り当て，それからこれらを原価計算対象（製品や顧客など）に配賦するのではなく，それぞれの製品や顧客によって配賦される資源の需要を直接見積もることになる。つまり，TDABCは，資源のグループに対して2つだけのパラメータを見積もることで，資源コストを原価計算対象に直接配賦するのである。これによって，TDABCは，費用や時間がかかり，主観的な見積もりにもとづく伝統的なABCの問題を回避し，解決することになると考える。

2つのパラメータとは，資源キャパシティを供給する時間単位当たりコスト (cost per time unit) と製品，サービスや顧客による資源キャパシティの消費の単位時間 (unit time) の見積もりである。

(1) キャパシティの時間単位当たりコストの見積もり

まず，キャパシティの時間単位当たりコスト（キャパシティコスト・レート）の見積もりは，つぎのように計算される (Kaplan and Anderson, 2007a, p. 10)。

$$\text{キャパシティの時間単位当たりコスト} = \frac{\text{供給されるキャパシティの原価}}{\text{供給資源の実際的キャパシティ}}$$

顧客サービス部門での例示で，算式の分子のキャパシティを供給する原価（製造間接費の560,000ドル）は，すでにわかっている。そこで，分母の供給資源の実際的キャパシティの見積もりについてみるとき，キャプラン達は，従来のABCがそうであったように，従業員達が彼らの時間をどう費やしたかについて彼らにインタビューや調査する代わりに，管理者達が直接，供給された資源の実際的キャパシティを見積もることになると主張する。

すなわち，ここに供給資源の実際的キャパシティは，供給される資源の理論

的キャパシティの割合をもって見積もられる。例えば，大雑把なやり方で，実際的なキャパシティが理論的キャパシティの80～85％であると想定する。もし1人の従業員あるいは1台の機械が週あたり40時間働くことが可能なら，この実際的キャパシティは週あたり32～35時間ということになる。典型的には，従業員に低い方の割合，80％を割り当て，残りの20％を休憩，コミュニケーション，研修などに回す。機械の場合，理論と実際的キャパシティとの間の15％の差が，メンテナンス，補修，スケジュールの変更による不稼働時間を考慮するために割り当てられるのである（Kaplan and Anderson, 2004, p. 133）。いずれにせよ，目的は，正確さより，おおむね正しいことであり，5～10％以内の誤差は許される範囲である。

例示に戻って，顧客サービス部門では，最前線で働く従業員28人を雇い，各人が1日8時間作業する。理論でいえば，それ故に各従業員は1ヶ月（22日）当たり10,560分（8×60×22）または四半期当たり31,680分を供給する。これにもとづき，理論上の80％である実際的キャパシティは，従業員1人当たり四半期で約25,000分，また28人全員で約700,000分である。キャパシティを供給する原価は560,000ドルであったから，キャパシティを供給する分（時間単位）当たりコストは，0.8ドルとなる（Kaplan and Anderson, 2004, p. 133）。

(2) 活動の単位時間の見積もり

以上の供給される資源キャパシティの時間単位当たりのコストを計算したのちに，つぎに各々の活動の1つの単位を実行するためにかかる時間を決定することになる。もう1つのパラメータである活動の単位時間の見積もりが，これである。個々の取引活動を実行するために必要とされるキャパシティであり，ほとんどの事例で「時間」が基準となる。正しく「時間主導（time-driven）」のモデルといわれるゆえんである。伝統的なABCは，取引ドライバーを基本に用いてきた。これに対して，キャプラン達は，TDABCのモデルでは，取引ドライバーを用いる代わりに，個々の取引活動を実行するために必要とされる時間（キャパシティ）が容易に推定されると考えるのである（Kaplan and

Anderson, 2007a, p. 10)。また，この時間の見積もりは，直接的な観察かインタビューで入手でき，調査をおこなうまでのことはないという。

さらに，キャプラン達は，問題は，従業員が活動をおこなう際に費やす（例えば，注文を処理する）時間が全体のどれくらいの割合なのかではなく，その活動の1つの単位を完成するのにどれだけ時間がかかるか（1つの注文を処理するのに必要とされる時間）であると強調する。伝統的なABCモデルにおける従業員による主観的時間の割合とはちがって，時間主導のモデルでの時間の消費の推定は，容易に観察され，正当化されると考えるのである（Kaplan and Anderson, 2007a, p. 10)。あらためていえば，前述の実際的キャパシティの見積もりと同様に，正確さは決定的でなく，おおよそで十分なのである。

当面の例示に戻って，3つの顧客関連活動について，管理者は，注文処理1件当たりに8分，問い合わせへの対応1件当たりに44分，そして与信審査1件当たりに50分かかると決定したとしよう（Kaplan and Anderson, 2004, p. 133, Kaplan and Anderson, 2007a, p. 11)。

(3) コストドライバー・レートの導出

以上より，顧客サービス部門で実行されている3つの活動ごとのコストドライバー・レートが導かれる。表5・2のごとくである。コストドライバー・レートは，伝統的なABCでは資源の原価を各活動の時間組み合わせの割合で各活動に配賦し，これを各活動量（コスト・ドライバー量）で除して計算する。TDABCのモデルでは，供給される資源キャパシティの時間単位当たりコストに活動の単位時間を乗じて計算される。したがって，伝統的なABCでの活動ごとに資源の原価を割り当てるプロセスは省略され，資源の原価を原価計算対象に直接配賦することになるのである。

ここでキャプラン達は，一旦これらの標準率（コストドライバー・レート）が計算されたなら，取引が生じるつど個々の顧客（アウトプット）に原価を配賦するためにこれらのレートをリアルタイムで適用することができるという（Kaplan and Anderson, 2004, p. 133)。たとえば，ある顧客との間で注文処理と問い

合わせへの対応の活動取引が生じたとき,当該顧客の原価は41.6ドル（6.4＋35.2）とリアルタイムで計算されるごとくである。

表5・2 コストドライバー・レートの計算

（単位：ドル）

活　　動	単位時間（分）	コストドライバー・レート
注　文　処　理	8	6.4
問い合わせへの対応	44	35.2
与　信　審　査	50	40

くわえて,キャプラン達は,コストドライバー・レートが従来のABCで見積もられるコストドライバー・レートより低くなる点に注意を促している（Kaplan and Anderson, 2004, p. 133, Kaplan and Anderson, 2007a, p. 11）。この差が生じる理由は,実際的キャパシティがしばしば生産的に達成されないということにある。下表5・3に示されるTDABCの分析は,当該四半期間に供給（投入）される資源の実際的キャパシティの83％,すなわち700,000分のうちの578,600分が生産的作業に費やされるという実際的キャパシティの影響を明らかにする。したがって,560,000ドルの総原価のおおよそ83％だけが,この四半期間の製品や顧客に配賦されることになる（Kaplan and Anderson, 2004, p. 133）。

表5・3 実際的キャパシティの影響

活　　動	単位時間（分）	活動量（件）	総利用時間（分）
注　文　処　理	8	49,000	392,000
問い合わせへの対応	44	1,400	61,600
与　信　審　査	50	2,500	125,000
			578,600

キャプラン達は,これが前述されるところの伝統的なABCの技術的な欠点（の1つ）を解決することに通じるという。すなわち,それは,インタビューや調査される従業員達が,彼らの実際的キャパシティがあたかも常にフル利用しているかのように回答するという事実である。顧客サービス部門の場合,伝統的なABCでの調査は,3つの活動をおこなう従業員達の時間を70％,10％

および20％の作業配分で示した。確かに，この配分は，従業員が彼らの生産的作業時間をどのように費やしたかを反映する。しかし，彼らの生産的作業時間は，彼らの実際的キャパシティよりも著しく低かったのである。週ごと従業員1人当たりの実際的キャパシティが35時間（22／4＝5.5, 5.5×8＝44, よって44×0.8＝35.2）であるのに対して，彼らの生産的作業時間は29時間（578,600／28＝20,664, 20,664／12＝1,722, よって1,722／60＝29）であったのである。つまり，こうした可能性は，伝統的なABCの調査では完全に無視されるものである（Kaplan and Anderson, 2004, pp. 133-134）。

キャプラン達はいう。時間単位当たりの資源コストの計算は，生産的に消費されるところのその資源の実際的キャパシティをとりいれる。コストドライバー・レートが，この結果にもとづいて用いられるため，それは，活動の原価とその基礎となる効率についてより正確なシグナルを提供することになる，と（Kaplan and Anderson, 2004, p. 134）。

その一方で，伝統的なABCは，TDABCのモデルと比べて活動の原価を過大に評価する（表5・4参照）。その理由について，キャプラン達は，つぎのように説明する。時間配分比の組み合わせ，70％, 10％および20％は，3つの活動を横断した生産的作業の実際の組み合わせ，67.7％（313,600／462,880），10.6％（49,280／462,880）および21.6％（100,000／462,880）に非常に近似する。したがって，従業員への作業時間配分の調査は正確である。では，何が問題であったかは，作業時間配分の調査は，使用される資源のキャパシティの原価と資源の未使用キャパシティの原価を含むことである（Kaplan and Anderson, 2007, p. 11）。TDABCでは，時間という共通の尺度を軸に，未使用キャパシティの把握が容易にできるようになる。個々の活動を実行するための単位時間を明確に特定することによって，活動を実行するために供給される資源の未使用キャパシティの量（121,400分）と原価（97,120ドル）をもって活動の原価と効率性に関する有効なシグナルを入手できるのである（Kaplan and Anderson, 2004, p. 134）。

表5・4　TDABCの分析

(単位：ドル)

活　　動	単位時間	活動量	総利用時間	コストドライバー・レート	総活動原価
注文処理	8	49,000	392,000	6.4	313,600
問い合わせへの対応	44	1,400	61,600	35.20	49,280
与信審査	50	2,500	125,000	40	100,000
使用キャパシティ			578,600		462,880
供給されるキャパシティ			700,000		560,000
未使用キャパシティ			121,400		97,120

Kaplan and Anderson, 2004, p. 135 をもとに作成

　ところで，キャプラン達は，以上のように時間主導型 ABC モデルが歴史的データの上に見積もられる一方，モデルの主要なパワーは，将来を予測するのに役立つことにあるとつけ加える。たとえば，顧客サービス部門では，次期の四半期の活動量が，51,000件の顧客注文数，1,150件の顧客問い合わせ数，2,700件の与信審査数であると期待されると仮定しよう。この期間中時間主導モデルを標準コストモデルとして採用し，実際的キャパシティで計算された標準率（コストドライバー・レート），すなわち1注文当たり6.40ドル，1顧客問い合わせ当たり35.20ドル，1与信審査当たり40ドルにもとづいて顧客（アウトプット）に原価が配賦されることになる。既述されるように，こうした計算は，個々の顧客との取引が生じるつど，顧客に原価を配賦するためにリアルタイムで実行されるのである。キャプラン達はまた，この標準率は，新規事業の受け入れやその価格決定について顧客と話し合う場合にも利用されると指摘している（Kaplan and Anderson, 2004, p. 133, Kaplan and Anderson, 2007a, pp. 11-12）。
　また，当該四半期間の末には，単純で有用な報告書が入手できるとされる。活動別の総原価と，この活動に費やされた総利用時間の双方を明らかにしめすものである。それはまた，供給されるキャパシティと使用キャパシティとの比較からなる未使用キャパシティを原価と量の両面から明らかにする。たとえば，未使用キャパシティの原価が存在することが示されると，これらを後の期間で削減すべきか否か，またいかに削減すべきかを決定するための行動につい

て熟考することになる。まさしく，時間主導型 ABC アプローチのパワーが大きく貢献するのである。

　関連して，キャプラン達は，つぎのようにもいう。当期の未使用キャパシティを削減することより，むしろ将来の成長に向けてそのキャパシティを保持（維持）することが選択されるかもしれない。新製品の導入，新市場への拡張，あるいは製品や顧客需要の増大を考慮する際には，現在のキャパシティによってこれらの拡張や増大のどれだけが処理できるかを予測できる。また，それが現在利用可能なキャパシティを超えるようならば，どのキャパシティに不足が生じやすいか予測できよう，と（Kaplan and Anderson, 2004, p. 133, Kaplan and Anderson, 2007a, p. 12）。ちなみに，時間主導モデルを導入したところ，管理下にある工場の稼働率が 27％ にすぎなかったことが判明した事例を掲げる。ここでは，工場の生産を縮小しようとせず，むしろ数年後に期待される大型契約に向けて現在のキャパシティを保持する決定がおこなわれたのである（Kaplan and Anderson, 2004, p. 134）。

　以上が，キャプランとアンダーソンによる TDABC のモデルの要約である。時間主導型アプローチでは，2 つのパラメータを見積もるだけでよかった。部門が実行する多様な活動に部門の原価（資源費用）を割り当てる必要性を省略する。伝統的な ABC モデルでのこうした活動調査業務のステップは，従業員の主観的時間配分をともなうことが多く，その観察に多くの時間を要し，ABC を実施する上で最も困難なプロセスであった。かくして，時間主導型アプローチは，伝統的な ABC での実施に伴う費用がかかり，時間を消費し，そして主観が入る活動の調査業務を回避できることになる。まさしく，時間主導型アプローチの真骨頂である。くわえて，2 つのパラメータの見積もりには，正確さは重要な問題ではなく，おおよそで十分であった。キャパシティの時間単位当たりコストに考慮される供給資源の実際的キャパシティの見積もりは，その誤差についてキャパシティの不足や過剰から発見できるという。また，活動の単位時間は，個々の活動 1 件（1 回）当たりの平均処理時間であるからヒアリングでもよく（活動主体），また容易に観察でき（観察主体），その妥当性

を検証できるのである（福田，2009，137頁，伊藤，2007，30頁）。

　以上の2つのパラメータを乗じることによって，コストドライバー・レートが導かれる。図5・1は，TDABCの計算構造を概略したものである。図5・1は，コストドライバー・レートが一旦計算されたならば，これらが期間中の標準となり，実際の活動量にもとづいて期間末には総活動原価がもとめられるプロセスを示す。これが，供給されるキャパシティの原価と比較されて，その差

図5・1　TDABCの計算構造

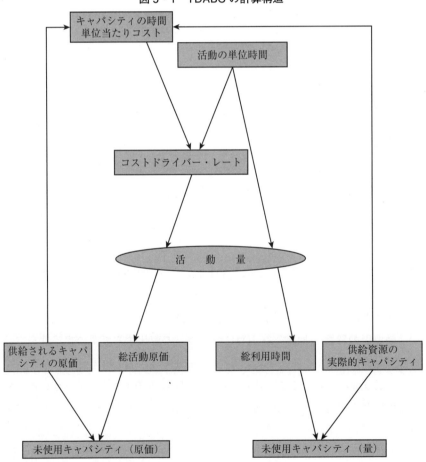

異が未使用キャパシティの原価となる。また，図からは，こうした未使用キャパシティ（の原価と量）が，活動の単位時間の見積もりを出発点として，時間という尺度を軸に容易に把握されるものであることがわかる。活動の単位時間の見積もりは，TDABC の計算構造の要諦をなすものであり，TDABC という時間主導型の ABC アプローチの命名がここに由来するのである。

3 TDABC のツール

キャプランとアンダーソンによる TDABC の要約からは，TDABC が伝統的な ABC の抱える問題点を克服する手法として提案されたゆえんをみることができる。こうした手法としての TDABC をみるとき，事業やプロセスの複雑性をとらえ，これを単位時間の見積もりにおとし込む時間等式 (time equations) は，TDABC の際立ったツールであるといえよう。また，TDABC モデルが容易に更新できることも TDABC のツールとしてのトピックであろう。以下，これらについてキャプランとアンダーソンの議論を敷衍する。

(1) 事業の複雑性をとらえる時間等式

キャプランとアンダーソンは，これまでの単純化の前提はあてにできないということから出発する。ここでは，すべての注文や特定のタイプの取引は同質で，その処理時間も同じ量を必要とするという単純化された前提をさす。つまり，TDABC は，この単純化された前提をもとめないのである。なぜなら，時間等式とよばれる単位時間見積もりを組み入れることによって，注文のタイプや活動取引の特徴 (characteristics) にもとづいて変化する事業の複雑性を容易にとらえることができるからである (Kaplan and Anderson, 2004, p. 135, Kaplan and Anderson, 2007a, p. 12)。ここに時間等式は，TDABC モデルをしていかに取引や活動の特徴が処理時間に変化をもたらす原因になるかを反映させるものである。

以上において，取引や活動の特徴が考慮に入れられる点に注目しておこう。

前章（補章1にとりあげられた）でみたように，ブリムソン＝アントス（1999）によるABBの作成手順の上で特性の考察が大きなインパクトを与えた。ブリムソン達は，厳密には特徴と特性を区別している。特性とは，ある活動のコストに影響を与える特有のタスクあるいは特別のステップであり (p. 34)，特徴は活動は同じだが，その活動を完成するために異なる時間の量をとる場合の概念として用いられる (p. 106)。これに対して，キャプラン達は，特徴をこれら双方を合わせた意味で用いているように思われる。ほかならぬ時間等式は，これらの特徴が異なるといかに取引や活動を処理する時間に変化をもたらす原因になるのか，これをTDABCモデルに反映する役割を持つのである。

さて，キャプラン達は，化学薬品の配送のための梱包をおこなうプロセスの担当部門をとりあげ，次のように説明する。複雑性は，特別な梱包の潜在的な必要性と陸送に対して空輸という追加的需要から生じる。もし化学薬品が標準型ですでに決まっている梱包なら0.5分ですむ。もしその品目が特別な梱包を必要とするなら，6.5分が追加される。そして，その品目が空輸で配送されるならば，空輸用のコンテナに荷づくりするのに2分が必要である。時間主導型アプローチによれば，以上はつぎのような単純な時間等式で当該部門の梱包プロセスに要する時間（資源の必要量）が見積もられる（Kaplan and Anderson, 2004, p. 135, Kaplan and Anderson, 2007a, p. 12）。

梱包時間（分）
 ＝0.5〔標準〕
  ＋6.5〔もし特別な梱包が必要とされるならば〕
  ＋2.0〔もし空輸で輸送されるならば〕

ここで，キャプラン達は，多くはERPシステム内に注文，梱包，配送等のデータを蓄積している背景をあげる。つまり，これらの注文や取引に関する固有のデータを利用することで，特定の注文に必要な時間需要が単純な計算アルゴリズムで迅速にもとめられるのである。

こうして，キャプラン達は，伝統的なABCがそうであったよりはるかに簡

単に事業の複雑性をとらえることができる時間等式の革新性に注目する。というのも，伝統的な ABC では，プロセスの多様な変化を個々の活動として処理することで多様に変化する取引時間を考慮する必要があった。当面の梱包プロセスでいうならば，あらゆる可能な配送特徴の組み合わせに対して個々別々の活動を定義したり，また同様の組み合わせごとに要する取引時間を予測せねばならなかったのである (Kaplan and Anderson, 2004, p. 135, Kaplan and Anderson, 2007a, p. 12)。

のみならず，キャプラン達は，TDABC は時間等式を組み入れることで，複雑性の増加に対して直線的に拡張できるという。再び梱包部門の例に戻って，その化学薬品会社は，危険性の高い品目に顧客がアクセスできるよう新しいサービスの差別化の特徴を提供することにしたとしよう。ここでは，この特徴の原価をとらえるために，梱包の従業員がどれほどの時間の割合を危険物の梱包に費やしたか再インタビューされる必要はない。仮に，危険物の梱包に 30 分が必要ならば，こうした梱包活動の変化に対して単純にもう 1 つの項をつけ加えるだけですむことになる。新しい時間等式は，つぎの通り (Kaplan and Anderson, 2007a, p. 12)。

梱包時間（分）
= 0.5〔標準〕
+ 6.5〔もし特別な梱包が必要とされるならば〕
+ 2.0〔もし空輸で輸送されるならば〕
+ 30.0〔もし危険物の場合〕

このように，特別の注文あるいは製品によって引きおこされる複雑性は，項目を追加すればよいことになる。それでもなお，当該部門は，この 1 つの時間等式をもつ 1 つのプロセスとしてモデル化されるのである。正しく，この特性がわずかな費用と努力でモデルの正確性を高めるのである (Kaplan and Anderson, 2007a, p. 13)。

対照的に，伝統的な ABC は，複雑性の増加をとらえるために幾何学的な拡張を必要とする。当面の梱包部門の業務作業は，4 つの異なる活動に分解され

るであろう（Kaplan and Anderson, 2007a, p. 12）。

  ・標準製品の梱包
  ・特別処理要請を要する製品の梱包
  ・空輸による製品の梱包
  ・危険性の高い資材の梱包

　ここで，毎期，当該部門の従業員は，各活動に費やした彼らの時間割合の比率についてその見積もりを調査されるであろう。この調査やインタビューが時間をムダに費やし，主観的なのである。TDABCでは，前述のごとく，あらゆるこれらの活動が1つの等式をもつ，1つのプロセスの中で統合されるのである。

　一方，キャプラン達は，TDABCモデルの時間等式がまた，管理者達に将来をシュミレートする可能性を提供する点に着目する（Kaplan and Anderson, 2007a, p. 13）。時間等式によってプロセスのキャパシティに対する需要を創造する主要な要因がとらえられるためである。これらは，プロセスの能率の変化，製品組み合わせ，顧客注文パターンなどを含むもので，これら多様なシナリオのWhat-If分析が実行できるのである。前章でみられたように，キャプラン達は，What-If分析をABBと結びつく重要なツールと考える。こうして，TDABCモデルは，新たな予算編成プロセスに容易に組み込まれることになる（Kaplan and Anderson, 2007a, p. 13）。それは，将来の期間の販売と生産計画をうまくやり遂げるために必要とされる資源キャパシティに関する供給と支出を分析的に計算するところのものである。

(2) モデルの更新

　業務状況の変化を反映して，TDABCモデルは容易に変更できる。より多くの活動を1つの部門に加えるときに，従業員に再インタビューする必要はない。というのも，確認された各々の新しい活動に必要な単位時間を簡単に見積もることができるためである。また，コストドライバー・レートが容易に更新できる。2つのファクター（パラメータ）がコストドライバー・レートを変化

させる。キャパシティの時間単位当たりのコストと活動の単位時間である。供給される資源キャパシティの原価やこれらの資源の実際的キャパシティに重大な変化が生じているときに，前者のキャパシティの時間単位当たりコストを更新することになる。たとえば，従業員の給料など資源キャパシティの原価が8％増加すると，これまでの計算例でのキャパシティの時間単位当たりレートは，分あたり0.8ドルから0.864ドル（(560,000×1.08)/700,000）に上昇する。また，新しい機械が取り替えられたり，追加されたりすれば，レートは，新しい機械の導入に関わる運転費用の変化を反映するために修正されよう（Kaplan and Anderson, 2004, p. 134, Kaplan and Anderson, 2007a, p. 13）。

同様に，実行されている活動の能率に重大かつ継続的な変化が認められるときは，後者の活動の単位時間の見積もりを更新することになる。ABMで学んだように品質プログラム（シックス・シグマ），継続的改善努力，リエンジニアリング，あるいはまた新技術の導入によって同じ活動がより少ない時間あるいはより少ない資源で実施可能となる。したがって，あるプロセスで永久的，持続可能な改善がなされるとき，そのプロセスの改善を反映するために単位時間（それ故，資源の需要）の見積もりは修正される。たとえば，顧客サービス部門が新しいコンピュータ・データベースシステムを入手，利用できるようになると与信審査活動はこれまでの50分より20分でおこなわれるようになる。この改善に順応するのは簡単で，まさに単位時間の見積もりを20分に変更することである。

以上の2つのパラメータの更新は，そのままコストドライバー・レートの変更に直結する。新しいデータ・ベースシステムの利用でいえば，新しいコストドライバー・レートは，自動的に与信審査当たり40ドルから16ドル（20×0.8）に下降するのである（Kaplan and Anderson, 2004, p. 134, Kaplan and Anderson, 2007a, p. 13）。

なお，キャプラン達は，TDABCモデルは，暦ベース（四半期あるいは年に一度という）というよりはむしろ事象ベースで更新されるべきであるという。そして，TDABCのベスト・プラクティスは，各プロセスの時間等式を業務担

当責任者に任せ，それによって事業プロセスが進化し，また，より能率的になっても各等式の正確性を保つようにすることができる (Kaplan and Anderson, 2004, p. 134, Kaplan and Anderson, 2007a, pp. 13-14)。

4 TDABC の革新性

　キャプランとアンダーソンは，その著作を通して，TDABC の革新性を探求するものである。彼らがこの用語を用いる背後には，TDABC を従来の伝統的 ABC に革新性をもたらすものとして提唱する意識が顕在する。以下，TDABC の革新性から，TDABC の検討を試みよう。
　第1章で展開されたように，従来の製造間接費の配賦から ABC が開発されるに至ったこの間，明らかになったことは，アポーションメントによる間接費の2段階配賦の思考と，このうちの第2段階でコスト・ドライバーを利用するアプローチが導かれたことである。TDABC が問題にするのは，ABC の2段階配賦の第1段階，資源コスト（製造間接費）を活動ごとにプーリングするステージである。いいかえるならば，コスト・ドライバーが用いられる第2段階は，第1章で述べたその経緯から自明なように，問題の余地はなく，いわば議論の外に置かれるのである。改めて，その第1段階は，製造間接費の発生と関係の深い活動の認識，選択に始まる。活動は，生産的経営資源を消費する。製造間接費は，これらの資源の消費によって生じる。それ故，活動が選択されるときは，その活動のレベルを問わず，製造間接費が活動に跡付ないし帰属可能となる。これが，活動ベースの原価プーリングである。キャプラン達は，このステージの実行が，実際には従業員へのインタビューや調査にもとづく従業員の主観的時間の割合に依存することが少なくなかったと観察する。最も時間（費用）を必要とし，従業員にとっても回答が困難で，その意味で長たらしく，その上誤差エラーが生じやすいステージであった。ここに，この伝統的な ABC の抱える問題点をいかに克服するかが TDABC のテーマとなったのである。

すなわち，これに対して，TDABC は，個々の取引による資源キャパシティの消費を時間基準で測定することで対応する。違いは，伝統的な ABC が，従業員が活動をおこなうさいに費やす時間の構成割合を明らかにするのに対して，TDABC は，活動の 1 つの単位を完成する，あるいは処理するのにどれだけ時間を要するかを明らかにする点である。活動の 1 単位当たりの所要時間の見積もりは，従業員の主観的時間の構成割合と比べて，観察対象がきわめて現実的で，直接的な観察かインタビューで入手でき，調査をおこなうまでのことはなかったのである。こうして，TDABC が活動の 1 単位当たりの所要時間の見積もりから出発する点が，TDABC の革新性を際立たせ，大きく特徴づけるのである。

もちろん，伝統的な ABC も時間をコスト・ドライバーとして用いる能力を常に持ち合わせている。これは，伝統的な ABC における時間ドライバー（所要時間ドライバー）の役割を引き合いに出すものであり，クーパー (1987) によって導入された理念であった。ほかならぬ，キャプラン＝アンダーソン (2007a) は，こうした見方を主張することによって TDABC の革新性を過小評価しようとする論者がいると懸念を表明している (p. 14)。

しかしながら，TDABC と伝統的な ABC とでは，モデルにおける時間の役割が異なるのである。伝統的な ABC は，TDABC における時間の役割と比べて基本的に異なる方法で時間ドライバーを用いる。伝統的な ABC は，2 段階配賦の第 2 段階で時間ドライバーを応用する。したがって，たとえばキャプラン達の用いた顧客サービス部門の数値例において，すべての顧客問い合わせへの対応は（1 件当たり）同じ時間の量をとると仮定しなくても，伝統的な ABC（を構築する）設計者は各問い合わせへの対応の所要時間を見積もることができるのである (p. 14)。

もとより時間ドライバーの入手も，インタビューや調査にもとづく測定費用をともなう。時間ドライバーは，こうした追加の費用で伝統的な ABC に正確性を加える。しかし，設計者は依然として最初にすべての顧客サービス要員に対して彼らが注文処理，問い合わせへの対応および与信審査に費やす時間の構

成割合に関する主観的な見積もりを入手するためにインタビューや調査をせねばならなかったのである。くわえて，重要なことは，伝統的なABCにおいて時間ドライバーを用いる高い費用は，時間ドライバーを用いる前に資源コストを活動に最初に割り当てるために依然必要とされる高い費用（資金）をはるかに越えるのである。なるほど時間ドライバーは正確性を加えるけれども，こうした最初の組織コストを活動に割り当てる高い費用を取り除くものではないのである（p. 14）。

対照的に，TDABCは，資源から原価計算対象に直接原価を割り当てるために時間を用いるのであり，資源コストを活動に最初に割り当てる，長ったらしくかつ誤差エラーの生じやすいステージを完全に省略する。これこそ，TDABCの革新性である。とともに，伝統的なABCの計算原理の基礎をなす2つの仮定も最早必要ではなくなった。活動との関連で同質的な原価プールを創出する同質性の仮定と，原価プールに入る原価は活動のレベルに比例して変動すべきであるという比例性の仮定である。

つぎに，TDABCの際立ったツールである時間等式は事業の複雑性をとらえることで，活動1単位当たりの所要時間の見積もりのプロセスを著しく単純化する。時間等式は，TDABCが様々な取引のタイプや活動の特徴によってもたらされる時間（という資源の）需要の多様性を容易に組み入れることになる。これに対して，伝統的なABCにおいて，プロセスの多様な変化を個々の活動として処理するためには，多様に変化する取引時間を考慮する必要があった。ここに，すべての注文や取引は同質で，その処理に要する時間の量も同一であるという単純化の前提が設けられる。しかし，TDABCは，この前提を必要としないのである。

時間等式はまた，伝統的なABCで可能であったよりもはるかに正確な原価モデルを生む。典型が，TDABCの正確性は単に時間等式に必要とされる項目を追加することで確保される点である。伝統的なABCでは，たとえば梱包部門の例では，従業員の時間のどれだけが危険物用の梱包に必要とされたかを学ぶために従業員に再インタビューする必要があった。しかし，TDABCでは，

こうしたモデルの全体を修正することはないのである。

　さらに，時間等式に追加される項目も，従業員が同一の資源プール，つまり同一の経営資源を消費している限り制限されることはない（福田，2009，134頁）。伝統的な ABC では，追加の活動の原価プールとコスト・ドライバーを用意する。そして，コストドライバー・レートを計算するためにモデルの全体を再計算する必要があった。TDABC では，こうした修正をすることはないのである。

　さらにまた，時間等式は，プロセスのキャパシティに対する需要を創造する主要な要因をとらえる。これによって，多様なシナリオの What-If 分析が実行でき，TDABC モデルは，新たな予算編成（予算管理）プロセスの中核部分として組み込まれ，活用される。キャプランとアンダーソンにひきつけていえば，キャプラン＝アンダーソン（2007b）は，TDABC の革新性をフルに活用するためには，予算編成の中核として TDABC モデルを用いることであると主張するのである。

　すなわち，すでに予算のために ABC を利用する ABB が存在する。ABB は，計画された業務プロセスの効率や売上や製品組み合せの変化から資源の需要の変化を予測することを可能にする。何よりも，ABB は，伝統的予算編成のプロセスに関連する交渉や価格折衝（haggling）の多くを排除する。厳密で，説得性，また透明性のある分析的モデル（ABB）が交渉にとってかわるのである。こうしたモデルによって，企業のトップは，販売や生産予測をみたすために必要な仕事（需要）量にみあう資源キャパシティの供給をもたらす人的，設備資源の支出を承認することになるわけである（p. 86）。

　これに対して，キャプラン達は，ABB はかなり長期間にわたって議論されてきたが，予算編成プロセスの中核に TDABC モデルを利用することで，これまでの ABB よりより実践的になるという。たとえば，戦略計画や販売・生産予測についてみれば，これらをこれらの計画を実施し，その予測を実現するために必要なキャパシティの需要に容易に結びつけることができる。予算編成はしばしば痛みをともなう，冗長な交渉である。時間主導型 ABB によれば，

こうした資源キャパシティに対する分析上の厳密さが，終わりのない，欲求不満を伴う交渉にとってかわるのである，と (p. 19)。

のみならず，TDABC が斬新なのは，このモデルをもって予算のプロセスが大幅に単純化し，より透明性が高まることである。将来期間での仕事量の需要をみたすために必要とされる資源の供給と支出（費用）の変化を予測するために TDABC モデルの構造を活用することは，簡単な作業となるのである (p. 86)。きしくも，キャプラン＝アンダーソン (2007b) は，TDABC をベースとする ABB モデルの事例研究を広汎かつ緻密な数値例を通して紹介している。補章 2 にとりあげるものである。

最後に，TDABC モデルは，この原価モデルを容易に更新するツール性をもっている。製品やサービスの提供が変化したり，生産やサービスのプロセスが再設計されるときがそうである。このような場合，提供される資源の原価におけるシフトや活動が実行される能率のシフトについて学ぶ必要がある。前者はキャパシティの時間単位当たりコスト（キャパシティコスト・レート）の更新を，後者は活動の単位時間の削減をともなうのである。こうした特徴は，TDABC モデルをして激変する環境下に適合させるものとする。

以上，TDABC の革新性という視点から検討を試みた。これに対して，革新性に否定的な意見も散見できる。たとえば，時間を軸に資源キャパシティの消費をとらえるという TDABC の根幹をなすアイディアに斬新さは感じられない。むしろ，ABC そのものの存在理由を放棄してしまった印象すら受ける，という（伊藤，2007, 31 頁）。確かに TDABC の計算構造やそのプロセスは単純であり，操業度（時間）という単一の変数によって測定してきた伝統的な原価計算への回帰とうけとれるかもしれない。しかし，本章は，その解決はその ABC 概念を放棄することではなく，むしろ伝統的な ABC の役割機会を強調し，ABC に再挑戦すべきである，というキャプラン達のスタンスをむしろ堅持する。その意味で，伝統的な原価計算から ABC，そして ABC から「進化」するところの TDABC をパースペクティブするものである（高橋，2010, 135 頁）。

例えば，伝統的な ABC の計算原理は，原価プールの同質性と活動のレベルの比例性という2つの仮定に基礎をおくものであった。まさしく，これらの仮定は，いまや「退化」するのである。代わって，TDABC の計算原理が合理性をもつためには，つぎのような前提が必要となろう（福田，2009，136頁，高橋，2010，135頁）。活動による単位時間の資源キャパシティの消費・利用が同質的であること，また最終の原価計算対象（製品やサービス）による活動の消費が同質的，つまり1回の活動の消費時間が一定であることである。

問題

問題1

以下のTDABCに関する記述の中で，(ア)～(キ)に当てはまる用語を下記の用語群から選択しなさい。

　TDABCは，資源のグループに対して2つのパラメータだけを見積もることで資源コストを原価計算対象に直接配賦する。最初のパラメータである資源キャパシティを供給する時間単位当たりのコストの計算には，供給資源の（　ア　）を見積もる必要がある。それは，大雑把（恣意的）に見積もることも分析的に調べることもできる。このうち，分析的アプローチは（　イ　）に出発し，それから従業員や機械が生産的作業をおこなう事が出来ない明示的な時間量を控除するものである。これらは，機械がダウンしている時間数や保全や急なキャパシティのためにとっておかれる量を含む。

　以上の資源キャパシティの時間単位当たりのコストを計算したのち，もう1つのパラメータである活動の単位時間の見積もりがおこなわれる。伝統的ABCが従業員が活動をおこなうさいに費やす主観的時間の構成割合にかかわるのに対し，時間主導型アプローチは，活動の1つの単位を完成するのにどれだけ時間がかかるかを明らかにするものである。

　以上の2つの投入変数を乗じて（　ウ　）が計算される。（　ウ　）は，取引が起こるつど個々の製品や顧客に原価を配賦するために適用される。（　ウ　）は，伝統的ABCを用いるときに見積もられるレートより（　エ　）。このための理由は，（　ア　）がしばしば生産的に達成されないことである。このことは，伝統的ABCの技術上の欠点，すなわち調査された従業員は，彼らの（　ア　）が常にフルに活用されているかのように回答するという現実に符号する。事実，従業員の総生産時間は，彼らの（　ア　）より著しく（　エ　）。この可能性が，伝統的ABCの調査では完全に無視される。資源キャパシティの時間単位当りコストの計算は，生産的に利用される資源の（　ア　）の見積を組み入れる。（　ウ　）がこれらの結果にも

とづくため，（　ウ　）を用いることによって，プロセスの原価と実態に即した効率についてより正確なシグナルの提供が可能となる。

こうして，TDABCは，事業の活動の原価と活動に費やされた時間（量）との双方を明らかにする方法で製造間接費を継続ベースで報告する。報告書は，（　オ　）と（　カ　）との間の差を明らかにする。報告書はまた，（　キ　）の原価を検討し，この未使用資源を供給する原価を将来の期間において削減するか，あるいはいかに削減するかを決定するための行動の熟考に用いられる。

用語群：① 未使用キャパシティ　② 使用キャパシティ　③ 高い
④ 低い　⑤ コストドライバー・レート
⑥ 供給されるキャパシティ　⑦ コスト・ドライバー
⑧ 理論的キャパシティ　⑨ 実際的キャパシティ

問題2

販売部門によって実行される活動のうち，顧客からの注文の処理活動を取り上げよう。週当たり4,600千円の販売部門の総費用（給料，減価償却費，ICT，消耗品費など）を仮定する。3人の従業員がそれぞれ週当たり40時間，作業に従事している。彼らの作業時間のうち約20％は，会議，訓練など休憩に費やされる。1回の標準注文を処理するために必要とされる時間は3分と見積もられる。新規顧客のための注文処理は，追加的に15分を必要とする。既存の顧客に対する注文処理に3分を要する一方，新規顧客の注文処理には18分かかるのである。

以上より，(1) 新規顧客と (2) 既存の顧客に対するそれぞれの注文処理原価をもとめなさい。

問題3

TDABCに関する次の(ア)～(オ)の記述のうち，誤っているもの1つをあげなさい。

(ア)　TDABCは，すべての注文や取引は同質であり，処理される時間の量も同一

であるという単純化の前提を必要としない。なぜなら，TDABC には時間等式が組み込まれているため，事業の複雑性に対応できるからである。

(イ) 伝統的な ABC アプローチは，少数の活動が製造間接費の大部分を説明することになる会社に有用である。これに対して，TDABC は，従業員への調査を頻繁に実施する費用が高く，また調査結果によって実際的キャパシティのどれだけが現実に生産的であるかが明示されないときに有用である。

(ウ) TDABC は，期間中標準コストモデルとして機能する。伝統的な標準原価システムより多くのコスト・ドライバーをもち，リアルタイムに計算されるこれらのコストドライバー・レートにもとづいて個々の製品や顧客に原価を配賦することができる。

(エ) TDABC では，資源のキャパシティは人材や設備からの利用可能な時間によって測定される。このように，TDABC ではすべての資源キャパシティが提供される時間（分）で測定される。

(オ) 伝統的な ABC アプローチは，主要な多様性（バリエーション）を個々の活動として取り扱うために活動明細票を拡張することで対処する。これに対して，TDABC は，活動明細票を必要としない。各活動の多様性に対する資源キャパシティの需要を単に見積もるだけでよい。

補章 2
キャプランとアンダーソンの TDABC による ABB モデル

　以下，キャプラン＝アンダーソン (2007b) に取り上げられる TDABC による ABB モデルの研究事例を示すものである。

　キャプラン＝アンダーソンは，TDABC による ABB を実行する一連の手順をつぎのようにあらわす (p. 89)。

1　直近の実績（経験）をもとに時間主導型 ABC モデルを構築する。
2　製品，サービスおよび顧客の収益性を算出する。
3　プロセス改善，価格設定，製品や顧客の組み合せ，製品設計および顧客関係について経営管理上の意思決定をおこなう。
4　収益性を改善するためにとられる決定にもとづいて，次期のプロセス能力および生産・販売量と組み合せを予測する。
5　販売・生産予測を満たす資源キャパシティの次期の需要を算出する。
6　将来期間において期待される資源キャパシティを供給するための支出を承認する。

以上の手順にしたがって，具体的にバルブ，ポンプおよび流量制御器という水圧制御装置を製造する仮設の S 社の事例が展開する。

　S 社の直近の月次営業成績（表・1）をみると，主要製品のポンプの価格の引き下げが影響して，会社全体の粗利益率 (21%) は目標水準 (35%) をかなり下回る。売上高税引前営業利益率 (1.8%) も，同社が過去に達成していた目標水準 (15~18%) に遠く及ばない。さらに，新しい流量制御器の製品ラインも近年の値上げ (10%) にもかかわらず，財務業績は低調である (p. 87)。

　S 社は，直接材料費と直接労務費を個々の製品に直接賦課する単純原価計算

表・1　S社の月次営業成績

(単位：ドル)

売上高	1,847,500	100%
直接労務費	351,000	
直接材料費	458,000	
貢献利益	1,038,500	56
製造間接費		
機械関連費	334,800	
段取作業	117,000	
荷受け・生産管理	15,600	
エンジニアリング	78,000	
梱包・出荷	109,200	
製造間接費合計	654,600	35
粗利益	383,900	21%
販売費・一般管理費	350,000	19
営業利益（税引前）	33,900	1.8%

Kaplan and Anderson, 2007b, p. 88

システムを採用している。材料費はコンポーネントの価格にもとづく一方，賃率は，フリンジ・ベネフィットを含む時間当たり32.50ドルである。会社はただ1つの生産部門をもち，コンポーネントを機械加工し，完成品に組み立てる。原価計算システムは，工場間接費（段取，荷受け，生産管理，梱包，出荷およびエンジニアリングを含む）を直接労務費の比率，当面185％で配賦している (pp. 87-88)。表・2は，S社の3つの製品ラインの収益性（標準原価）を示している。

いま，S社（のコントローラー）は，間接費，とくに段取作業，梱包や出荷の間接作業，プロセス・エンジニアが大幅に増加してきたことを実感する。そこで，過去1ヵ月間の生産ラン，出荷，配送の回数やエンジニアの配置についてのデータを収集する（表・3参照）。これにもとづくとき，流量制御器の製品

表・2 製品の収益性分析（標準原価）

(単位：ドル)

	バルブ	ポンプ	流量制御器
直接労務費	12.35	16.25	13.00
直接材料費	16.00	20.00	22.00
間接費（185%×直接労務費）	22.85	30.06	24.05
標準製品原価	51.20	66.31	59.05
目標粗利益率	35%	35%	35%
目標販売価格	78.77	102.02	90.85
実際の販売価格	79.00	70.00	95.00
実際の粗利益	27.80	3.69	35.95
実際の粗利益率	35%	5%	38%

Kaplan and Anderson, 2007b, p. 89

表・3 月間生産および業務統計

(単位：ドル)

	バルブ	ポンプ	流量制御器	合計
生産（製品個数）	7,500	12,500	4,000	24,000
製品単位当たり材料費	16	20	22	
製品単位当たり直接作業時間	0.38	0.50	0.40	
製品単位当たり機械時間	0.5	0.5	0.3	
生産ラン当たり段取時間	5	6	12	
機械時間（稼動時間）	3,750	6,250	1,200	11,200
生産ラン	20	100	225	345
段取時間	100	600	2,700	3,400
出荷回数	40	100	500	640
エンジニアリング作業時間	60	240	600	900

Kaplan and Anderson, 2007b, p. 89

ラインが，会社全体の収益や販売量の割合からみて間接資源を不釣合いなまでに使用していることがわかる (p. 90)。

S社の場合，こうして，より高度な原価計算システムが絶対的に必要な2つの典型的な兆候をもつ。第1に，直接材料費や直接労務費のいずれよりも製造間接費により多く支出している。第2に，製品組み合せにおいて著しく多様性が高い。間接および支援資源への高い支出と，製品や顧客の非常に高い多様な特

徴とが組み合さって，伝統的な標準原価計算システムではひどく歪んだ原価を間違って作ることになるのである (p. 90)。こうして，S社のコントローラーはTDABCによるABB構築のためのプロジェクト・チームを立ち上げるに至る。

1 時間主導型ABCモデルの構築

プロジェクト・チームは，以下の情報を回集する (pp. 90-92)。

① S社は，平日7.5時間づつの2交替制を敷いている。
② 各シフトは，製造および組立作業者45人のほか段取作業者15人の生産作業者を必要とする。これらの作業者は毎日15分の休憩を2回，1日平均30分の研修をうけ，シフトごとに機械の保守管理，修理に30分をかける。
③ 荷受・生産管理部は2交替シフトで4人，梱包・出荷部は2交替シフトのそれぞれに15人を必要とする。これらの従業員は，シフト当たり7.5時間作業し，この中には1日15分の休憩2回と30分の研修が含まれる。
④ 荷受・生産管理部の要員は，1回の生産ランに対してコンポーネントの各バッチを発注，加工，検査および移動する。このコンポーネントの各バッチを発注から加工機械までに移動する活動すべてに75分を要する。
⑤ 梱包・出荷部の作業は，出荷のつどパッケージとラベルの準備に50分，またダンボールの箱詰めに製品ごとにさらに8分を必要とする。
⑥ 設計・開発に8人のエンジニアを必要とし，報酬額は月9,750ドルとなる。エンジニアの勤務時間の多くは，顧客の要求を満たす流量制御器製品の改良に費やされる。エンジニアの生産的な作業時間は，休憩，訓練などの時間を差し引くとシフト当たり6時間となる。
⑦ コンポーネントを加工する62台の機械を備え，これらの機械はシフト当たり6時間利用可能であり，ここで生産作業者は生産やまた機械の段取活動に従事する。機械運転費用は，月約5,400ドルである。

このデータにもとづいて，プロジェクト・チームは，生産プロセスを構成する製造および組み立て，段取，荷受・生産管理，梱包・出荷，エンジニアリン

グのそれぞれの資源キャパシティコスト・レート (capacity cost rates) を見積もる。表・4 は，これらのキャパシティコスト・レートの計算結果を要約している。表中の利用日数／月の列は，作業者が月平均 20 日間作業に従事することを示す。また，月間費用は，賃金の総額と（機械の）月機械運転費用を示す。例えば，生産作業者のキャパシティの時間単位当たりコスト・レート 32.50 ドルは，3,900 ドル／120 時間による。

また，表・5 は，S 社の生産資源の供給，コストおよび利用度を統計で示したものである。たとえば，直接作業資源の利用可能時間 10,800 時間は，90 人×120 時間となる。表からは，S 社の資源のキャパシティがほぼフルに利用されていることが明らかとなる。S 社の収益性が低調な原因は，過剰なキャパシティや低いキャパシティの利用度によるものではない。問題は，各製品やプロ

表・4　資源のキャパシティコスト・レート

(単位：ドル)

	利用日数／月	月間費用	有給時間数／日	生産的時間／日	生産的時間／月	時間単位当たりコスト・レート
生産作業者	20	3,900	7.5	6	120	32.50
間接人員	20	3,900	7.5	6.5	130	30.00
エンジニア	20	9,750	7.5	6	120	81.25
機械	20	5,400		12	240	22.50

Kaplan and Anderson, 2007b, p. 92

表・5　月間資源コストおよび利用度

(単位：ドル)

	資源単位数	月間費用／単位	総費用	利用可能時間数	利用時間数	利用度（％）
直接作業	90	3,900	351,000	10,800	10,700	99
機械	62	5,400	334,800	14,880	14,600	98
段取	30	3,900	117,000	3,600	3,400	94
荷受・生産管理	4	3,900	15,600	520	431	83
エンジニア	8	9,750	78,000	960	900	94
梱包・出荷	30	3,900	117,000	3,900	3,733	96

Kaplan and Anderson, 2007b, p. 93

セスの既存の経済性に潜んでいるのである (p. 92)。

2 製品原価と収益性の算出

プロジェクト・チームは，以上のデータを時間主導型 ABC モデルに組み込む。この TDABC モデルにより，製品が消費（利用）する資源コストをもとに生産原価を3つの製品ラインに配賦する。表・6は，これらの原価を収益に対応して示している。ここからは，3つの製品ラインによって消費される資源の正確な原価モデルについて理解できるのである。この点，このステップは，これまで本章でみてきた TDABC の計算プロセスなどをはじめとする基礎的なコンセプトを計算例を用いて例証するものである。

もう少し引き付けていえば，表・6の貢献利益までは，販売量に販売単価と

表・6　時間主導型 ABC モデルによる製品原価および収益性

(単位：ドル)

	バルブ	ポンプ	流量制御器	合計	未使用キャパシティ	実績
売上高	592,500	875,000	380,000	1,847,500		1,847,500
直接労務費	92,625	203,125	52,000	347,750	3,250	351,000
材料費	120,000	250,000	88,000	458,000	―	458,000
貢献利益	379,875	421,875	240,000	1,041,750	(3,250)	1,038,500
機械運転時間	84,375	140,625	27,000	252,000	6,300	334,800
段取作業	3,250	19,500	87,750	110,500	6,500	117,000
機械段取	2,250	13,500	60,750	76,500	―	―
荷受・生産管理	750	3,750	8,438	12,938	2,663	15,600
エンジニアリング	4,875	19,500	48,750	73,125	4,875	78,000
梱包・出荷	31,000	52,500	21,000	104,500	4,700	109,200
製造間接費	126,500	249,375	253,688	629,563	25,038	654,600
総原価	339,125	702,500	393,688	1,435,313	28,288	1,463,600
粗利益	253,375	172,500	(13,688)	412,188	(28,288)	383,900
粗利益率	42%	20%	−6%	22%		21%
販売費・一般管理費						350,000
営業利益						33,900
売上高利益率						1.8%

Kaplan and Anderson, 2007b, p. 94 を一部修正

標準原価を乗じる伝統的な予算編成を計算ベースとする。これに対して，つぎの製造間接費資源項目はすべて，資源キャパシティの時間単位当たりコスト（キャパシティコスト・レート）×活動の単位時間×活動量，という図5・1の計算構造にみられるTDABCの計算プロセスにもとづいて算出される。例えば，表・6の機械運転時間のバルブへの配賦原価84,375ドルは，22.50ドル×0.5時間×7,500単位，また段取作業のバルブへの配賦原価3,250ドルは，32.50ドル×5時間×20回というごとくである。

さて，表・6をみると，バルブは高い収益性をあげている。ポンプは，目標の粗利益率(35%)には届かないものの依然大きく利益に貢献している。制御器は赤字で，段取，エンジニア支援および梱包・出荷のコストが高いためである。こうした製品ラインの経済性の実態について，S社のトップの管理者はどう対応すればよいのであろうか (pp. 92-93)。

TDABCモデルは，経営トップにいくつかの行動の可能性を促す。キャプラン達は，what-if分析を提唱し，TDABCモデルがこの分析の出発点を提供すると考える。すなわち，このwhat-if分析により，トップの管理者は，製品組み合せ，業務プロセス，注文のパラメータ，顧客サービス等での予測される変化が資源の供給と支出をどう変化させるか，そのインプリケーションを導くことができる。のみならず，計算技術上，TDABCに組み込まれるデータは時間等式にもとづいてもとめられるために，what-if分析に有効で，しかも単純かつ安価におこなわれるのである。

こうして，以下，TDABCを利用したABBモデルの展開は，中核的ステップへと入っていく。

ここにABBは，TDABCの手続きを単に逆転したものである。第4章で扱われたABBが従来のABCを逆転させたものであることと基本的に同じである。TDABCは，キャパシティコスト・レートや活動の単位時間の見積もりを可能とする時間等式を通して，製品や顧客が消費する資源のキャパシティにもとづいて資源からのコストをこれらの製品や顧客に跡づける。一方，ABBは，まず，製品，注文，サービスおよび顧客などの量とその組み合わせを予測する

ことから始まる。つぎに，こうして予測された需要量に合致するために供給されねばならないキャパシティの量を見積もる。そして最後に，必要とされる資源のキャパシティを供給するために承認されるコスト，すなわち予算を計算する。このプロセスは，反復的で，モデルを通して最初の結果を基準（ベース）に，目標とする収益性のシナリオに到達するまで様々なシナリオを継続的に確認しながら，仮定（前提）を変更していくのである (pp. 97-98)。

3 プロセス改善，価格設定，製品や顧客の組み合せに関する経営管理上の決定

S社は，TDABCによる製品ラインの収益性の計算結果を検査した後に，次のような収益性改善の拡充をおこなう。バルブとポンプという中核製品ラインに再び注力する計画である。とりわけ，バルブは，大口注文に値引を設け，市場シェアの拡大を図る。また，ポンプも大口注文を中心にまた制御器も引き続き価格競争に挑戦したいと考えている。さらに，生産性の改善に向けて段取プロセスのシックス・シグマ活動を開始し，段取時間を劇的に削減する目標を設定することを考えている (p. 98)。

4 次期のプロセス能力および生産・販売量と組み合せの予測

コントローラーは，収益性を改善するためにおこなわれる意思決定をもとに次期の具体的な生産・販売計画を展開した（表・7）。ABBモデルにとって期待される生産や売上量や組み合せに関する見積は，伝統的な総合生産計画以上の詳細さが求められる。販売される製品やサービスの量の他に，各製品の生産ラン，材料の注文や受入れの頻度，顧客の注文回数，出荷回数などが予算に盛り込まれる。より具体的には，S社の生産・販売計画は，大口注文に新たな焦点をあてることで生産ランや出荷回数を大幅に減少させることを示す (p. 99)。また，段取時間削減のためのシックス・シグマ活動の実施は，3つの製品ラインすべてで来期の段取時間は20％改善すると予測する。さらに，この新たな生産計画では，価格の値引や小口注文の受入を廃止することで，ポンプと制御

表・7　予測される生産および販売計画

(単位：ドル)

	バルブ	ポンプ	流量制御器	合　計
価　格	75	80	110	
以前の価格	79	70	95	
販売個数	12,000	12,000	2,500	26,500
以前の販売個数	7,500	12,500	4,000	24,000
生産ラン	40	40	60	140
出荷回数	40	70	100	210
直接作業時間合計	4,800[a]	6,000	1,000	11,800
生産ラン当たり段取作業時間	4.0	4.8	9.6	
段取時間合計	160	192	576	928
機械時間（生産と段取）	6,160	6,192	1,326	13,678
エンジニアリング時間	60	240	400	700

a．バルブの製品単位当たり直接作業時間は，0.38時間ではなく，0.4時間で算定されている（引用者：古田）。

Kaplan and Anderson, 2007b, p. 99

器の売上の減少が予想される。これを補って余りあるバルブの販売量の増加により，より多くの直接作業時間と機械時間が必要となるのである（p. 99）。

5　販売・生産予測を満たす資源キャパシティの次期の需要の算出

　こうしていま，コントローラーは，生産部門やプロセスの資源キャパシティの需要を予測することができる。修正された時間等式を用いて，段取時間削減といったようなプロセスの改善や変化を反映することができる。資源需要の予測自体は，材料の購入，機械の利用度，直接作業の供給等従来の予算編成を計算する際に用いられる予測と何ら変わらない。ただ，ABBはそれがすべての間接および支援プロセスの需要を予測する分，従来の予算編成を拡大するのである。

　さて，表・8は，表・7に示した生産計画に合致するためにS社の各部門の資源需要を示している。重要な計算は，表・8中の左より3列目，資源需要見積（時間）に生じる。直接作業や段取作業の需要などほとんどが表・7から直接読み取れる。なお，梱包・出荷作業の需要は，時間等式からつぎのように求

表・8 生産および販売計画から見積もられる資源需要

資　源	資源単位当たり月間生産的時間	資源需要見積（時間）	必要とされる資源供給量	予算化される資源供給量	現在までの資源供給量
作業（直接）	120	11,800	98.33	100	90
作業（段取）	120	928	7.73	8	30
機　械	240	13,678	56.99	57	62
作業（荷受・生産管理）	130	175	1.35	2	4
作業（梱包・出荷）	130	3,708	28.53	29	30
エンジニア	120	700	5.83	6	8

Kaplan and Anderson, 2007b, p. 101

められる (p. 100)。

　　梱包・出荷時間 =（50分×出荷回数）+（8分×出荷品目の数）

　　　　　　　　 =（50×210）+（8×26,500）

　　　　　　　　 = 222,500分

　　　　　　　　 = 3,708時間

　つぎに，ABBチームは，以上の見積もられた資源需要量を各資源単位当たりのキャパシティで除して必要とされる資源供給量（表・8の4列目）を算出する。なお，資源の単位当りキャパシティは，すでに表・4で求められている。例えば，生産作業者（直接作業や段取作業）とエンジニアは月に120時間の作業を供給し，各機械は240時間の利用を供給できるというごとくである (p. 101)。

　こうして算定される資源供給量は，次期の生産・販売計画に合致するために必要とされる正確な資源の量を示す。ただし，大抵の資源はフラクショナルな量ではなく，ランプ・サムで投入されねばならない。ここに，ABBチームは必要とされる資源供給量の小数点以下を切り上げることになる。これが，表・8の5列目に示される予算化される資源供給量である (p. 101)。

　予算化される資源供給量はまた，いくらか余分な資源単位を含む場合がある。ピーク時や急上昇の需要に対応したり，実際の販売や生産が予想レベルを

超える場合のバッファに備えるためである。これは，いわゆる管理者によるジャッジメント・コール（judgement call）である（p. 101）。数値上の計算では，生産計画を達成するために（予想された生産レベルで）必要とされる最小限の資源供給量が明らかとなる。しかし，管理者達は，この数値を防御的なバッファに備えるために多めにしたり，あるいは資源供給の契約に保守的であって少なめに（して）したり調整できる。後者の場合，時間外労働を利用したり，計画されている休止時間の削減を用いることが期待される（pp. 101-102）。

また，表・8からは，現在までの資源供給量（表・8中の6列目）が，直接作業資源のキャパシティを除く他のすべてで予算化される資源供給量を上回っていることに気が付く。一般的にいえば，このような場合，会社は，工場，不動産，設備を配置転換や除去し，また不用となった資源を売却することで，これらの資源コストを変動費化する機会を持つ。代替的に，会社は，現存の資源では生産計画の資源需要をすべて満たすことが出来ないことを学ぶ（p. 101）。このような場合，つぎの3つの選択肢が開かれている。生産計画に合致するために必要な資源を調達するか，現在の資源でやり遂げるよう生産計画を下方修正するか，はたまた作業能率を高めることによって作業の需要増に対処する既存の資源の生産性向上に努力するかである。

これらの選択肢自体はいまや斬新ではなく，むしろ月並みではあるが，これらの実行となると容易ではない。もとより，ABBはこれらの決定を自動的におこなわない。ただ，過剰なキャパシティやキャパシティ不足が，どこに存在するかを部門ごとにプロセスごとに特定するだけである。つきつめれば，生産や販売予測の変更にかかわるハードな決定や，この修正された獲得をいかに実行するかは，会社のトップ経営管理者の最終責任である（p. 102）。

6　将来期間において期待される資源キャパシティを供給するための支出の承認

TDABCによるABBの手順の最終ステップである。この手順は，一旦次期に供給される資源の量が決定されたならば，簡単である。表・9の右端の「予

算化」(予算原価)の列に注目しよう。コントローラーはこれを，承認された資源の量(表・8の「予算化される資源供給量」)にこの資源の単位費用(表・4あるいは表・5の「月間費用／単位」)を乗じて見積もるのである(p. 102)。たとえば，機械運転時間307,800ドルは，57台×5,400ドルによる。表・9の他の列は，表・7の販売および生産計画にかかわる各製品原価を反映するものである。すなわち，各製品に帰属する原価であり，これらは，各製品の予測された生産計画を達成するために生じる資源コストにもとづく(p. 102)。たとえば，機械運転時間資源のバルブに帰属する原価135,000ドルは，22.5ドル×0.5時間×12,000時間による。表・9の「合計」の列は，こうしてもとめられた3つの製品ラインに帰属する原価の合計を表す。そして，この「合

表・9 S社の予測される販売および製品利益分析

(単位：ドル)

	バルブ	ポンプ	流量制御器	合　計	未使用キャパシティ	予算化
販売個数	12,000	12,000	2,500	26,500		
売上高	900,000	960,000	275,000	2,135,000		2,135,000
直接労務費	156,000	195,000	32,500	383,500	6,500	390,000
材料費	192,000	240,000	55,000	487,000	—	487,000
貢献利益	552,000	525,000	187,500	1,264,500	(6,500)	1,258,000
機械運転時間	135,000	135,000	16,875	286,875	45	307,800
段取作業	5,200	6,240	18,720	30,160	1,040	31,200
機械段取	3,600	4,320	12,960	20,880		
荷受・生産管理	1,200	1,200	1,800	4,200	3,600	7,800
エンジニアリング	4,875	19,500	32,500	56,875	1,625	58,500
梱包・出荷	49,000	49,750	12,500	111,250	1,850	113,100
製造間接費	198,875	216,010	95,355	510,240	8,160	518,400
総原価	546,875	651,010	182,855	1,380,740	14,660	1,395,400
粗利益	353,125	308,990	92,145	754,260	(14,660)	739,600
粗利益率	39%	32%	34%	35%		35%
販売費・一般管理費						350,000
営業利益						380,600
売上高利益率						18%

Kaplan and Anderson, 2007b, p. 103

計」の列に要約される製品の帰属原価と予算原価（「予算化」の列）との差が，未使用キャパシティの原価に等しい（p.102）。たとえば，段取作業のもつ未使用キャパシティの原価1,040ドルは，30,160ドルと31,200ドルの差というぐあいである。なお，機械運転時間の未使用キャパシティの原価45ドルは，機械運転時間のキャパシティには機械の段取作業も含まれる関係にもとづいて，307,755ドル（286,875＋20,880）と307,800ドルの差である。

　未使用のキャパシティの原価は，当該期間に計画あるいは承認されるものである。この計画される未使用キャパシティの原価は，どんな特定の製品ライン（あるいは顧客）にも結びつけられない。それは，多くの資源が獲得されるときのランピネス（lumpiness）から生じたり，当期に何らかのバッファ・キャパシティを供給する管理者の意識的決定から生じるためである。あるいは，管理者が利用可能な資源キャパシティを次期の生産に必要とされるキャパシティに削減できない，またその意思がないために生じるのである（p.103）。

　いずれにせよ，表・9の未使用キャパシティの列からは，すべての資源キャパシティに余分な未使用分が生じることが明らかとなる。これによって，未使用キャパシティの列は，生産計画のために予想される必要量を超えてキャパシティを供給する決定の経済性を示すことになる（pp.103-104）。

　最後に表・8や表・9の計算は，モデルの中から内部発生的に生じる分析的アプローチを示している。例えば，S社にとっては予算の予測は喜ばしい。なぜなら，粗利益率や売上高利益率を改善する機会が明らかになる。しかし，予想される支出や利益が管理者に受け入れられないようならば，このときABBチームは振り出しに戻ってやり直す必要がある。すなわち，価格設定，製品や顧客の組み合せ，および生産性改善のために代替的シナリオを展開し，こうした新しいシナリオをTDABCモデルに流し込み，そして資本支出，粗利益，収益性を再見積もりするのである（p.104）。

　以上のプロセスは反復的で，しかも探索的でさえある。会社業務の正確な分析的モデルが予算編成プロセスの中核に存在することが，トップの管理者をして将来のいくつかのシナリオを探求でき，ここから来期の利益強化にベストな

機会を提供する資源キャパシティへのコミットを可能にするのである (p. 104)。

問　題

問題

補章2に取り上げられるキャプランとアンダーソンのTDABCによるABBモデルに関する以下の設問に答えなさい。

設問1

TDABCによるABB実施の担当組織について説明しなさい。

設問2

キャプラン達は，TDABCの利用によって，予算のプロセスの透明性が高まり，ABBはより実践的になるという。その根拠について述べなさい。

設問3

キャプラン達は，将来の需要をみたすために資源キャパシティの供給と支出の変化の予測は，TDABCの構造を利用することによって簡単な作業になると考える。ついては，155頁の図5・1に示されるTDABCの計算構造にもとづいて表・9の予算表が作成されるプロセスを明らかにしなさい。

解　答

第1章

問題1

設問1

　　工場全体の総括配賦率

　　　200,000／125,000　＝　1.6千円

製造間接費は，次のように配賦される。

　　クラシック型　1.6×81,250　＝　130,000千円
　　モ ダ ン 型　1.6×43,750　＝　 70,000千円

ユニット基準による単位原価は次の通り。

　　クラシック型　(80,000＋130,000)／400,000　＝　0.525千円
　　モ ダ ン 型　(15,000＋ 70,000)／100,000　＝　0.85千円

設問2

ABCアプローチでは，コストドライバー・レートが各活動に対してもとめられる。

　　機械運転活動　50,000／125,000　＝　0.4千円
　　マテハン活動　90,000／400,000　＝　0.225千円
　　段 取 活 動　60,000／150　　　　＝　400千円

よって製造間接費は次のように配賦される。

クラシック型

0.4×81,250	=	32,500
0.225×300,000	=	67,500
400×100	=	40,000
		140,000 千円

モダン型

0.4×43,750	=	17,500
0.225×100,000	=	22,500
400×50	=	20,000
		60,000 千円

ABCによる単位原価は次の通り。

クラシック型

　　(80,000+140,000)／400,000　＝　0.55 千円

モダン型

　　(15,000+60,000)／100,000　＝　0.75 千円

設問 3

内部補助現象をハッキリと認めることはできない（下図参照）。この点で，当該工場に限っていえば，ABC システムへの切り替えの効果は認められないといえよう。

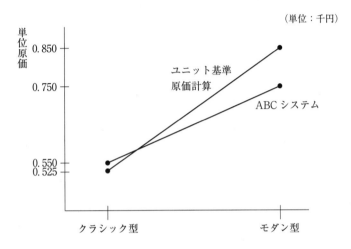

問題 2

（イ）

(解　説)　時間ドライバーさえも十分でないことがある。このような場合，各活動が起こるつどそれに応じた資源コストを直課する強度ドライバーが必要とされる。正しく，取引ドライバー，時間ドライバーおよび強度ドライバーとの間のトレード・オフの性質に焦点があたるのである。

190　解　　答

第2章

問題1

設問1

(単位：千円)

	自製案	購入案
直接材料費	10,000	—
直接労務費	20,000	—
個別固定費	14,000	—
動力費	9,000	—
フリンジ・ベネフィット	2,500	—
マテハン費	4,000	—
検査費	7,500	—
段取費	6,000	—
技術支援費	2,000	—
部品購入原価	—	60,000
	75,000	60,000

設問2

（解答・解説）　ABCによると，以上のように部品の購入案が支持される。これは，伝統的な分析によるもとでの部品の生産が支持される場合と逆である。まさしく，ABCが違いの大きさを示す情報をもたらすゆえんである。伝統的な分析では，共通固定費のすべてが無関連原価として処理される。しかし，ABCでは，これらの共通固定費の発生と関係の深い活動が認識されることになる。ABCは，こうした一連の活動が共通固定費のいくつかを生じさせる原因となることをあきらかにする。結果，ABCでは，伝統的な分析と比べて跡づけ可能原価が増加することになる。これが，自製案の差額原価を膨らませることにもなる。

問題2

設問1

（ア）15,000　（イ）750　（ウ）20

（エ）12,000　（オ）3,000

設問2

(ア) 供給　(イ) 消費　(ウ) 未使用キャパシティ
(エ) 需要　(オ) 実現

問題3
設問1

　　　　伝統的原価計算システム　17千円
　　　　ABCシステム　　　　　　22千円
　　　　JITシステム　　　　　　16.8千円

(**解　説**)　伝統的原価計算システムでは，変動製造費用と個別固定費は会社が自製する代わりに組立部品を購入するならば回避可能である。回避可能原価は17千円で，これが会社が外部サプライヤーに支払う最高額である。ABCは，ユニット基準変動費，非ユニット基準変動費および個別固定費を回避可能費と定義する。コストのランプ・サム性質いかんによって，活動固定費もまた回避可能である。こうして，ABCは，原価の跡づけ可能性を改善するものであり，それ故，回避可能原価はより容易に確認される。当面の問題にとってABCで示される最高額は，22千円である。JITシステムでは回避可能原価は16.8千円の最高価格を示す。JITシステムは，ABCより低い原価を示しているが，それは，JIT製造や購買が多くの間接費を削減ないし除去するためである。例えば，すべてのバッチ・レベルの原価は除去される。また，能率が向上するために，JITは，内部自製から外部の購入への変更をしづらくする傾向にする (Hansen and Mowen, 1994, pp. 578-579)

設問2

損益計算書は次の通り。

(単位：千円)

	伝統的	ABC	JIT
売　　上	20,000	20,000	20,000
控除：変動費	(16,000)	(16,000)	(11,000)
貢献利益	4,000	4,000	9,000
控除：跡づけ可能費			
非ユニット基準変動費	−	(2,000)	(1,000)
活動固定費	−	(3,000)	(800)
個別固定費	(1,000)	(1,000)	(4,000)
製品差益	3,000	(2,000)	3,200

（Hansen and Mowen, 1994, p. 579 にもとづく）

(解　説) 伝統的原価計算による損益計算書は，収益のある製品を示す。ABC は，伝統的アプローチと比べてより正確で，楽観的ではない製品業績の見方を与える。事実，ABC による損益計算書は，収益性を改善するかあるいは製品を廃止するかいずれかのステップをとる必要を示す。JIT の結果をみると，そのための1つの可能解（解決策）が能率増進のために JIT システムを導入することであることが明らかになる。

設問 3

損益分岐点は以下の通り。

伝統的アプローチ：
単位当り貢献利益 = 販売単価 − 単位当り変動費
　　　　　　　　 = 20 − 16
　　　　　　　　 = 4 千円
損益分岐販売量　 = 固定費総額／単位当り貢献利益
　　　　　　　　 = 1,000／4
　　　　　　　　 = 250 単位

ABCアプローチ：
単位当り貢献利益 = 20 − 16
　　　　　　　　 = 4 千円
損益分岐販売量　 = 6,000／4
　　　　　　　　 = 1,500 単位

ただし，非ユニット基準変動費は，単位数が変動しても同じにとどまる。

JITシステム：
単位当り貢献利益 = 20 − 11
　　　　　　　　 = 9 千円
損益分岐販売量　 = 5,800／9
　　　　　　　　 = 644 単位

(Hansen and Mowen, 1994, p. 580 にもとづく)

第3章

問題1

設問1

(解答・解説) 非付加価値活動とは，不必要な活動か，必要であるが不能率で改善の対象となる活動である。製造業務では，つぎの5つの活動が無駄で不必要なものとして取り上げられよう。スケジューリング，移動，待ち時間，検査および在庫 (保管) である。ここで，スケジューリングとは，いつ異なる製品の生産に取り掛かるのか (いつ，どれだけの段取がなされねばならないか)，またどれだけ生産するか

を決定するために時間と資源を利用する活動をいう。

設問2

(**解答・解説**) 付加価値標準とは，コスト・ドライバーの付加価値量水準，すなわち活動のために消費されるべきコスト・ドライバーの量である。付加価値原価は，この付加価値標準にコスト・ドライバー単位当たり標準価格を乗じたものをいう。一方，非付加価値原価は，付加価値標準とコスト・ドライバーの実際量を比較した差にコスト・ドライバー単位当たり標準価格を乗じたものである。

設問3

(**解答・解説**) 例えば，製品の部品数を減らすことは，受入検査や供給業者の選択などの活動を単純化する。このため，部品数をコスト・ドライバーとして用いるとき，当該製品の部品数を減少することは，非付加価値原価の管理にとって有利な行動となる。しかし，ある点までを越えると，それは不利な結果を引き起こす，つまり，部品数を減少する余り，当該製品の市場性を弱め，逆にその機能性に影響を及ぼすのである (Hansen and Mowen, 1994, p. 731)。

設問4

(**解答・解説**) これは，標準を設定（確認）しておくことがいかに重要かを考えさせる問題である。すなわち，いかなる標準も存在しないようなとき，原価を削減するために，例えばやみくもにコスト・ドライバーの量を減少することに走る。結果は，逆機能をまねく。これに対して，この現実の前に，付加価値標準を確認しておくことは，非付加価値活動のみを削減することに励むことになるのである。付加価値標準は，こうした励みを許容する行動の範囲を明確にするベースラインの役割を果たすといえよう。

設問5

(**解答・解説**) 活動分析のテーマは，無駄の除去である。無駄が取り除かれるにつれて，原価は低減する。このように，原価低減は無駄の除去に続いて起こる。この原価低減を目標とするのが継続的改善である。具体的に継続的改善は，活動分析で識別された非付加価値活動を削減する方法をサーチする行動の重要なエレメントであり，これを通して原価低減を図るものである。こうして，活動分析は継続的改善

の目標と両立する。

問題2

設問1

(単位:千円)

	原 価		
	付加価値原価	非付加価値原価	合 計
作業消費	9,600	2,400	12,000
材料受入	4,000	1,000	5,000
梱　包	4,800	1,600	6,400
	18,400	5,000	23,400

設問2

(単位:千円)

	当期達成可能標準	
	数　量	原　価
作業消費	14,100[a]	11,280[b]
材料受入	470	4,700
梱　包	740	5,920

a. $15,000-900$
ここで900は, $(15,000-12,000)\times 0.3$
b. $14,100\times 0.8$

(解　説)

　会社が，非付加価値原価の削減を強調するとき，当期達成可能標準は，年度に期待される能率の向上を反映するものでなければならない。当期達成可能標準を実際原価と比較することが，当期の改善目標がいかにうまく達成されたかその尺度を提供することになる。この点から，当期達成可能標準原価は，前年度の実際原価から目標とされる削減額を控除したものに等しい (Hansen and Mowen, 1994, pp. 729-730)。たとえば，作業消費の当期達成可能標準原価11,280千円は，12,000千円 − 720千円 $(2,400\times 0.3)$ となる。

第4章
問題1

(単位：千円)

ア＝1.8　　　　　イ＝36,000
ウ＝0.6　　　　　エ＝7,200

以上は解答の一例

オ＝93,000

問題2

（解答・解説） 多くの資源の支出が変動費になるのは，ABBによる予算の作成のプロセスでおこる（Kaplan and Cooper, 1998, p. 8）。アウトプット法ならば手順4，インプット法ならば手順3において生じる。資源コストの調整あるいは資源の調整のステップである。会社の資源の大部分の原価が固定費ではなく，変動費となるのは，供給される資源に対するこの調整を通じて生じる。インプット法でいえば，必要とされる資源の量を決定する手順3で資源の追加や除去をともなう。たとえば，必要とされる資源の量（必要資源量）が現在利用可能な資源の量（供給量）よりも低ければ，最早必要とされない資源の配置換え（再配備）や除去が余儀なくされる。組織資源によって実行される活動への需要が少なくなるために，これまでの固定費は，下方向（資源の除去）で変動費化される（Kaplan and Cooper, 1998, p. 313）。いみじくも，キャプラン達がのべるように，正しく，固定費と変動費に関する伝統的な思考は吹き飛ばされるのである。

　こうしたキャプラン達の考え方は，TDABCをベースとするABBに及んで，以下のように結ばれることになる。より効果的なABBをもって，管理者達は，原価構造に対して，とりわけ彼らがこれまでは固定費と考えていたものに対する支出を一層強力に管理できるようになる，と（Kaplan and Anderson, 2007b, p.105）。

問題3

（ア）予算期間の生産量

（イ），（ウ），（エ）活動負荷量，活動明細票および活動消費レートのいずれか

（オ）アウトプット当たり予算コスト

（カ），（キ），（ク）資源消費レート，負荷量および資源の調整のいずれか

（ケ）資源コストの調整

（コ）資源単位当たり予算レート

問題 4

設問 1

（単位：千円）

活　動	実際原価	弾力性予算原価	差　異
直接材料	10,200	10,000	200U
直接作業	7,900	8,000	100F
保　守	5,400	6,400[a]	1,000F
動　力	3,000	3,100	100F
段　取	4,700	4,500	200U
検　査	12,500	13,250	750F
購　入	22,000	22,600	600F
計	65,700	67,850	2,150F

a. $2,000 + 0.55 \times 8,000$

設問 2

　活動の固定費要素は，消費に先立って供給される資源に一致すべきであり，操業度差異や未使用キャパシティ差異をもつことになる。これに対して，活動の変動費要素に消費に先立って供給される活動キャパシティはない。それ故，未使用キャパシティ差異などは存在しないのである。

　固定検査費　　8,000 千円

　実際的キャパシティ　　40 バッチ

198 解　　答

よって

固定活動レート（アウトプット当たり固定予算レート）＝ 8,000／40

　　　　　　　　　　　　　　　　　　　　　　　　　＝ 200 千円

検査活動の活動キャパシティ差異は，下記の通り。

(単位：千円)

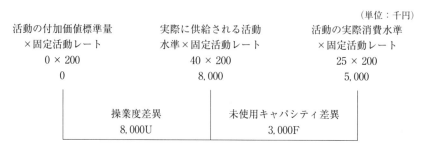

活動の付加価値標準量	実際に供給される活動	活動の実際消費水準
×固定活動レート	水準×固定活動レート	×固定活動レート
0 × 200	40 × 200	25 × 200
0	8,000	5,000

| | 操業度差異 | 未使用キャパシティ差異 |
| | 8,000U | 3,000F |

設問 3

変動活動原価の差異分析

(単位：千円)

実際変動費	実際に供給される活動水準	活動の付加価値標準量
	×変動活動レート	×変動活動レート
25 × 172	25 × 210	0 × 210
4,300	5,250	0

| | 支出差異 | 能率差異 |
| | 950F | 5,250U |

(Hansen and Mowen, 1994, p. 742, Hansen and Mowen, 2000, p. 566 にもとづいて作成)

補章 1

問 題

設問 1

(ア) 資源　(イ) 活動　(ウ) 負荷量

(エ) 特性　(オ) 調整

設問 2

(解答・解説)　ブリムソンとアントスは，特性 (features) について次のように定義する。特性とは，ある活動の原価に影響を与える特有のタスクあるいは特別なステップである (Brimson and Antos, 1999, p. 34)。また，特性は，ある活動を完成するために異なるタスクや業務を用いる概念である (pp. 105-106)。

　ここから，特性の概念を考察することは，別個に活動を創造したり，下位の活動を作ることから回避する意図を持つ。組織が，例えば報告書類の手配という1つの活動のみを用いることを可能にする。ここでは，どのような特性がこの報告書類の手配に多くの時間と費用をもたらすかが明らかとなる。こうした計算が予算編成モデルや計画設定モデルの理解を容易にさせ，また厄介さを軽減することに通じるのである。

　また，負荷量の算定に大きく影響し，究極的に価値創造に貢献することになる。

設問 3

(1)-イ

(単位：ドル)

費用要素（資源）	負荷量	作業時間当たり予算レート	予　算
給料・手当	750	20	15,000
賃　借　料	750	2.0	1,500
設　備　費	750	5.0	3,750
電　話　代	750	0.30	225
		合計	20,475

200 解　　答

(1)－ロ

(単位：ドル)

活　　動	融資課員		マネージャー		給料・手当
	負荷量	作業時間当たり予算レート	負荷量	作業時間当たり予算レート	
融資相談への回答	750	20			15,000
融資申し込みの獲得：					
	1,750	20			35,000
			450	23.81	10,714
融資査定：					
担保ローン	1,000	20			20,000
			500	23.81	11,905
自動車ローン	500	20			10,000
			250	23.81	5,952
担保の販売：					
標準担保			200	23.81	4,762
大型担保			300	23.81	7,143
融資課員の管理			200	23.81	4,762
融資申し込み処理課員の管理			200	23.81	4,762
				合　計	130,000

(2)－イ

(単位：ドル)

費用要素（資源）	負荷量	FTE 当たり予算レート	予　算
給料・手当	0.415	30,000	12,450
賃　借　料	0.415	4,000	1,660
設　備　費	0.415	10,000	4,150
電　話　代	0.415	600	250
		合　計	18,510

(2)-ロ

(単位：ドル)

活　　動	負荷量	FTE当たり予算レート	給料・手当
報告書類の手配	0.415	30,000	12,450
資金配分：			
担保ローン	0.80	30,000	24,000
自動車ローン	0.25	30,000	7,500
PMI処理	0.20	30,000	6,000
雑 活 動	0.335	30,000	10,050
合　　計			60,000

第5章

問題1

(ア) 実際的キャパシティ　(イ) 理論的キャパシティ

(ウ) コストドライバー・レート　(エ) 低い　(オ) 供給されるキャパシティ

(カ) 使用キャパシティ　(キ) 未使用キャパシティ

問題2

資源の実際的キャパシティ

　$3 \times 40 \times 0.8 = 96$ 時間あるいは 5,760 分

キャパシティの時間単位当たりコスト

　4,600 千円／5,760 分＝0.8 千円／分

よって

(1) 新規顧客に対する注文処理原価

　$18 \times 0.8 = 14.4$ 千円

(2) 既存顧客に対する注文処理原価

　$3 \times 0.8 = 2.4$ 千円

問題3

(エ)

(解　説) 多くの資源キャパシティが資源からの利用可能な時間で測定される一方,TDABCアプローチはまた,そのキャパシティが他の単位で測定される資源をも容認する。倉庫やトラックのキャパシティは,提供されるスペースで測定されるごとくである。これらの状況では,単位当たりの資源コストは,適切なキャパシティ尺度にもとづいて計算されるである。キャプランとアンダーソンは,われわれが正確性を求めるならば,時間主導型というよりむしろキャパシティ主導型(capacity-driven)という文句を用いるべきであった,と述べている(Kaplan and Anderson, 2007b p. 59)。

なお,(イ)は, Hansen and Mowen, 2006, p. 109による。

補章2

問 題

設問1

(解答・解説) 主たる担当組織体として,クロス・ファンクショナル(職能横断的)なプロジェクト・チームと,そのチームの中心的部門であるコントローラー部の,日本でいえば経理部長にあたるコントローラーが担当する。しかし,双方の役割は,明確に区別されている。プロジェクト・チームは,S社の製造業務を対象にあくまで時間主導型ABCモデルを構築する目的で設けられるものであり,予算編成(ABB)には直接携わらない(手順1,手順2)。これに対して,コントローラーは,ABBによる中核的な展開に強力なリーダーシップを発揮する(手順4,手順5,手順6)。また,手順5では,ABBチームという会議体が設けられて,この手順がもつ特有の計算の実行を担当する。またその計算には,代替え的にコンピュータ・プログラムが利用されている。下図は,以上の担当組織をTDABCによるABBの手順フローに関連づけたものである。

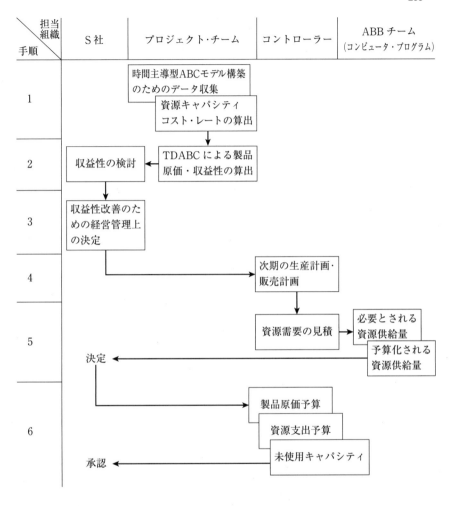

設問2

(解答・解説) 伝統的な予算では，その編成のプロセスで交渉能力や組織内の力関係が作用する。ABBは，必要とされる資源の量を実際に供給可能な資源量に比較する。資源コストの調整または資源の調整を伴うことで，供給される資源の量をめぐる交渉に力関係が作用する余地は少なくなる。こうした客観的な事実にもとづく交渉がおこなわれることによって，説得性，とりわけ透明性が高くなる。

これに対して，TDABCでは，必要とされる資源の量に対して小数点以下の切り上げをもって，またそれにいくらか余分に資源単位を含ませることで予算化される資源供給量が決まる。前者は，多くの資源がランプサム（ランピネス）で投入（獲得）されるためである。表・8の予算化される資源供給量にあって，直接作業以外のすべての資源がこれによっている。後者は，管理者のジャジメント・コールによるもので，表・8の予算化される資源供給量の直接作業資源が99人ではなく，100人であるのは，こうした判断に従ったものと推測されよう。つぎに，この予算化される資源供給量は，現在までの（現行の）資源供給量と比較されて，資源の除去や追加という選択を経営トップに誘導することになる。

こうしたTDABCによる資源単位のキャパシティに対する分析上の厳密さによって，透明性が交渉にとってかわることになり，ABBはより実践的となるのである。

設問3

表・9中のたとえば段取作業資源の予算作成についてみるならば，下表のごとくTDABCの計算構造上に示される。

（単位：ドル）

```
         ┌──────────────┐
         │キャパシティの時間│
    ┌───→│ 単位当たりコスト │←───────────┐
    │    │     32.5     │             │
    │    └──────┬───────┘             │
    │           │   ┌──────────────┐  │
    │           │   │  活動の単位時間 │  │
    │           │   └──────┬───────┘  │
    │           │          │          │
    │           │    バルブ      4    │
    │           │    ポンプ      4.8  │
    │           │    流量制御器  9.6  │
    │           ↓          ↓          │
    │      ┌──────────────────┐       │
    │      │ コストドライバー・レート │       │
    │      └──────────┬───────┘       │
    │                 │               │
    │         バルブ      130          │
    │         ポンプ      156          │
    │         流量制御器  312          │
    │                 ↓               │
    │         ╭───────────────╮       │
    │         │   活 動 量     │       │
    │         ╰───────┬───────╯       │
    │                 │               │
    │         バルブ      40           │
    │         ポンプ      40           │
    │         流量制御器  60           │
    │    ↓            ↓        ↓         ↓
┌─────────┐ ┌──────────┐ ┌────────┐ ┌──────────┐
│供給されるキャパシ│ │ 総活動原価 │ │ 総利用時間 │ │供給資源の実際│
│ ティの原価    │ │          │ │        │ │的キャパシティ│
│   3,900   │ │          │ │        │ │   120    │
└────┬────┘ └────┬─────┘ └───┬────┘ └────┬─────┘
     │           │             │           │
   31,200  バルブ    5,200  バルブ  160   960
           ポンプ    6,240  ポンプ  192
           流量制御器 18,720 流量制御器 576
                    30,160         928
     ↓                              ↓
┌─────────────┐              ┌─────────────┐
│未使用キャパシティ（原価）│              │未使用キャパシティ（量）│
└─────────────┘              └─────────────┘
     1,040                          32
```

参　考　文　献

Bleeker, R (2001), Key. Feature of Activity-Based Budgeting, *Journal of Cost Management*, July/August.

Brimson, J. A (1988), Improvement and Elimination of Non-Value-Added Costs, *Journal of Cost Management*, Summer.

Brimson, J. A. and J. Antos (1999), *Driving Value Using Activity-Based Budgeting*, John Wiley & Sons, Inc.

Börejesson, S (1997), A Case Study on Activity-Based Budgeting, *Journal of Cost Management*, Winter.

Cooper, R. and R. S. Kaplan (1987), How Cost Accounting Systematically Distorts Product Cost, in *Accounting & Management: Field Study Perspective*, edited by Bruns, W. J. and R. S. Kaplan, Harvard Business School Press.

Cooper, R (1987), The Two-Stage Procedure in Cost Accounting: Part-Two, *Journal of Cost Management*, Fall.

Cooper, R. and R. S. Kaplan (1988), How Cost Accounting Distorts Product Cost, *Management Accounting*, April

Cooper, R. (1989), The Rise of Activity-Based Costing-Past Three: How Many Cost Drivers Do You Need, and How Do You Select Them?, *Journal of Cost Management*, Winter.

Cooper, R (1990), Cost Classification in Unit-Based and Activity-Based Manufacturing Cost System, *Journal of Cost Management*, Fall.

Cooper, R. and R. S. Kaplan (1991a), Activity-Based Cost Systems for Manufacturing Expense, in *The Design of Cost Management Systems: Text, Cases and Reading*, edited by Cooper, R. and R. S. Kaplan, Prentice-Hall.

Cooper, R. and R. S. Kaplan (1991b), Profit Priority from Activity-Based Costing, *Harvard Business Review*, May-June.

Cooper, R., Kaplan, R. S., Maisel, L. S., Morrissey, E. and R. M. Oehm (1992), *Implementing Activity-Based Cost Management*, Institute of Management Accountant.

Cooper, R. and R. S. Kaplan (1992), Activity-Based System: Measuring the Costs of Resource Usage, *Accounting Horizon*, Sep.

Cooper, R. (1994), Activity-Based Costing: Theory and Practices, in *Handbook of Cost Management*, edited by Brinker, B. J., Warren, Gorham & Lamont.

Hansen, D. R. and M. M. Mowen (1994), *Management Accounting*, South-Western Pub.

Hansen, D. R. and M. M. Mowen (1995), *Cost Management: Accounting and Control*, 1st ed, South-Western College Pub.

Hansen, D. R. and M. M. Mowen (2000), *Cost Management: Accounting and Control*, 3rd ed, South-Western College Pub.

Hansen, D. R. and M. M. Mowen (2006), *Cost Management: Accounting and Control*, 6th ed, South-Western College Pub.

Kaplan, R. S. and R. Cooper (1998), *Cost & Effect*, Harvard Business School Press (櫻井通晴訳 (1998)『コスト戦略と業績管理の統合システム』ダイヤモンド社).

Kaplan, R. S. and S. R. Anderson (2004), Time-Driven Activity-Based Costing, *Harvard Business Review*, November.

Kaplan, R. S. and S. R. Anderson (2007a), The Innovation of Time-Driven Activity-Based Costing, *Journal of Cost Management*, March-April.

Kaplan, R. S. and S. R. Anderson (2007b), *Time-Driven Activity-Based Costing: A Simpler and More Powerful Path to Higher Profit*, Harvard Business School Press (前田貞芳監訳 (2011)『戦略的収益費用マネジメント』日本経済新聞出版社).

King, A. M (1991), The Current Status Activity-Based Costing: An Interview with Robin Cooper and Robert S. Kaplan, *Management Accounting*, Sep.

Mak, Y. T. and M. L. Roush (1994), Flexible Budgeting and Variance in an Activity-Based Costing Environment, *Accounting Horizons*, June.

Malcom, R. E (1991), Overhead Control Implications of Activity Costing, *Accounting Horizons*, December.

McNair, C. J., W. Mosconi and T. Norris (1989), *Beyond in the Bottom Line: Measuring World Class Performance*, Dow Jones-Irwin.

McNair, C, J (1990), Interdependence and Control: Traditional vs. Activity-Based Responsibility Accounting, *Journal of Cost Management for the Manufacturing*, Summer.

Player, S. T. and D. E. Keys (1995a), Lessons from the ABM Battlefield: Developing the Pilot, *Journal of Cost Management*, Summer.

Player, S. T. and D. E. Keys (1995b), *Activity-Based Management: Arthur Anderson's Lessons from the ABM Battlefield and World Class Manufacturing*, Master Media limited.

Player, S. T. and D. E. Keys (1995c), Lessons From the ABM Battlefield: Moving from Pilot to Mainstream, *Journal of Cost Management*, Fall.

Pryor, T, *Using Activity Based Management for Continuous Improvement*, ICMS, Inc.

Raffish N. and P. Turney (1991), Glossary of Activity-Based Management, *Journal of Cost Management*, Fall.

Robert, M. W. and K. J. Silvester (1996), Why ABC Failed and How It May Yet Succeed, *Journal of Cost Management*, Winter.

Roth, H. P. and A. Borthick (1991), Are You Distorting Cost by Violating ABC Assumption, *Management Accounting*, Nov.

Turney, P (1991), How Activity-Based Costing Helps Reduce Cost, *Journal of Cost Management*, Winter.

Turney, P (1992a), Activity-Based Management, *Management, Accounting*, Jan.

Turney, P (1992b), What in Activity-Based Cost Model Looks Like, *Journal of Cost Management*, Winter.

Turney, P. B (1994), Second-Generation Architecture, in *Emerging Practices in Cost Management*, edited by Brinker, B. J., Warren, Gorham & Lamont.

Wiersema, W. H (1996), Implementing Activity-Based Management: Overcoming the Data Barrier, *Journal of Cost Management*, Summer.

伊藤嘉博稿（2007）「20年目のレレバンスロスト—ABC／ABM革命の終焉—」産業経理，第67巻第3号

岩淵吉秀稿（1989）「近年における原価計算研究の検討」商経論集，第57号

小菅正伸稿（2000）「活動基準責任会計の展開—活動基準予算管理を中心として-」商学研究，第48巻第2号

小林啓孝・伊藤嘉博・清水孝・長谷川惠一編著（2009）『スタンダード管理会計』東洋経済新報社

櫻井通晴著（1995）『間接費の管理』中央経済社

櫻井通晴編著（2000）『ABCの基礎とケース・スタディ』東洋経済新報社

櫻井通晴著（1991）『企業環境の変化と管理会計』同文館

鈴木研一稿（2011）「ABC／ABMと原価情報」浅田孝幸・頼誠・鈴木研一・中川優・佐々木郁子著『管理会計入門』有斐閣所収

高橋賢稿（2010）「TDABCの本質とその課題」産業経理，第70巻第2号

田中隆雄著（1997）『管理会計の知見』森山書店

中根敏晴稿（1992）「活動基準原価計算の成立根拠と基本思想」名城商学，第42巻第1号

廣本敏郎著（2008）『原価計算論』中央経済社

福田哲也稿（2009）「時間主導型ABC（TDABC）の検討」経済系第238集

前田　陽稿（2005）「時間基準ABCの意義」企業会計，第57巻第11号

門田安弘著（2001）『管理会計—戦略的ファイナンスと分権的組織管理』税務経理協会

吉川武男，イネス，ミッチェル共著（1994）『リストラ／リエンジニアリングのためのABCマネジメント』中央経済社

頼　誠稿（1994）「業績管理会計—ABMと責任会計の変貌—」原価計算研究，第8巻第1号

索　引

〔あ行〕

アウトプット当たりの予算コスト…… 106
アウトプット尺度………………………… 110
アウトプット法…………………………… 106
アポーションメント……………………… 4
アロケーション…………………………… 4
1番目の行動……………………………… 69
インプット法……………………………… 106
上方向……………………………………… 109
ABM ……………………………………… 61
ABM の構図 ……………………………… 72
ABM の実施モデル ……………………… 73
ABM の障害 ……………………………… 82
ABC ……………………………………… 11
ABC 階層モデル ………………………… 35
ABC の問題点 …………………………… 140
ABB ………………………………… 97, 102
ABB の基本モデル ……………………… 105
ABB の利点 ……………………………… 98
ABB チーム ……………………………… 180
FTE ……………………………………… 128

〔か行〕

活動……………………………………… 11, 30
活動基準責任会計………………………… 88
活動キャパシティ差異…………………… 119
活動固定費………………………………… 51
活動消費レート…………………………… 103
活動弾力性予算…………………………… 117
活動の共用………………………………… 72
活動の削減………………………………… 71
活動の除去………………………………… 72
活動の選択………………………………… 72
活動の単位時間の見積もり……………… 150
活動負荷量………………………………… 104
活動分析………………………………… 66, 74
活動別原価プール………………………… 12
下方指向…………………………………… 31
関連原価…………………………………… 44
キャパシティコスト・レート…… 148, 175
キャパシティの
　時間単位当たりコスト………………… 148
CAM—Ⅰクロス ………………………… 62
供給されるキャパシティの原価……… 148
供給資源の原価…………………………… 42
供給資源の実際的キャパシティ……… 148
業績尺度…………………………………… 67
共通固定費………………………………… 44
強度ドライバー…………………………… 21
原価集計視点……………………………… 62
工場維持レベル…………………………… 30
工場重点アプローチ……………………… 36
コスト・ドライバー………………… 12, 19
コスト・ドライバー単位当たりの
　標準価格………………………………… 76
コスト・ドライバーの実際量…………… 76
コスト・ドライバーの付加価値量……… 76

コスト・ドライバー分析……………… 67, 78
コストドライバー・レート…………… 12, 150
固定費………………………………………… 109
個別固定費…………………………………… 44
コントローラー……………………………… 178

〔さ行〕

差額原価……………………………………… 43
時間主導型のABCアプローチ ……… 148
時間等式……………………………………… 156
時間ドライバー……………………………… 20
資源消費モデルとしてのABC ………… 37
資源消費レート……………………………… 103
資源単位当たり予算レート……………… 109
下方向………………………………………… 109
修正負荷量予算……………………………… 132
消費資源の原価……………………………… 42
消費に先立って供給される資源………… 40
上方指向……………………………………… 31
生産的作業時間……………………………… 152
製造部門別配賦率…………………………… 10
製品支援レベル……………………………… 30
総括配賦率…………………………………… 10
操業度関連の配賦基準……………………… 1
操業度差異…………………………… 118, 119

〔た行〕

多元的公式法………………………………… 117
多品種変量生産……………………………… 2
注意喚起デバイス…………………………… 68
調整
　資源コストの…………………………… 107
　資源の…………………………………… 107
TDABC ……………………………………… 148
TDABCの革新性 ………………………… 161
TDABCの計算構造 ……………………… 156

同質性の仮定………………………………… 14
投入済資源…………………………………… 108
特性…………………………………………… 128
取引…………………………………………… 19
取引ドライバー……………………………… 20
弾力性資源…………………………………… 108

〔な行〕

内部補助………………………………………… 4
2次元ABC ………………………………… 61
2段階原価配賦法…………………………… 7
2番目の行動………………………………… 69

〔は行〕

バッチ・レベル……………………………… 30
必要とされる資源供給量………………… 180
必要（消費）のつど供給される資源… 40
非付加価値活動……………………………… 74
非付加価値原価……………………………… 75
非ユニット変動費…………………………… 50
比例性の仮定………………………………… 15
付加価値活動………………………………… 74
付加価値原価………………………………… 75
負荷量予算…………………………………… 128
複数基準……………………………………… 22
プロジェクト・チーム…………………… 174
プロセス視点………………………………… 62
変動費………………………………………… 109

〔ま行〕

未使用活動費………………………………… 52
未使用キャパシティ差異………… 118, 119
未使用キャパシティの原価……………… 42
無関連原価…………………………………… 47

〔や行〕

ユニット基準システム……………… 31
ユニット・レベル…………………… 31
予算化される資源供給量…………… 180

〔ら行〕

ランプ・サム………………………… 52

著者紹介

古田　隆紀（ふるた　たかのり）
　　北九州大学（現北九州市立大学）商学部卒業
　　現在　大阪学院大学商学部教授　博士（経営学：神戸大学）
　　公認会計士試験委員（2009年〜2012年）
（主要著書）
『業績管理会計』中央経済社，1984年
『価格変動と管理会計』森山書店，1993年
『現代管理会計論』中央経済社，1997年（日本原価計算研究学会賞）
『管理会計』森山書店，2007年

ABCのコア

2015年2月6日　初版第1刷発行

著者　ⓒ　古田　隆紀
発行者　　菅田　直文

発行所　有限会社　森山書店　〒101-0054　東京都千代田区神田錦町1-10 林ビル
TEL 03-3293-7061　FAX 03-3293-7063　振替口座 00180-9-32919

落丁・乱丁本はお取りかえします　　印刷・製本／シナノ書籍印刷

本書の内容の一部あるいは全部を無断で複写複製することは，著作者および出版者の権利の侵害となりますので，その場合は予め小社あて許諾を求めて下さい。

ISBN 978-4-8394-2147-2